德州扑克十年理论波动

刘立奥◎著

电子工业出版社
Publishing House of Electronics Industry
北京·BEIJING

未经许可，不得以任何方式复制或抄袭本书之部分或全部内容。
版权所有，侵权必究。

图书在版编目（CIP）数据

德州扑克十年理论波动 / 刘立奥著 . -- 北京：电子工业出版社，2023.6
ISBN 978-7-121-45479-0

Ⅰ. ①德… Ⅱ. ①刘… Ⅲ. ①扑克—基本知识 Ⅳ. ① G892.1
中国国家版本馆 CIP 数据核字（2023）第 072607 号

责任编辑：张　毅
印　　刷：三河市兴达印务有限公司
装　　订：三河市兴达印务有限公司
出版发行：电子工业出版社
　　　　　北京市海淀区万寿路 173 信箱　邮编：100036
开　　本：880×1230　1/32　印张：6　字数：140 千字
版　　次：2023 年 6 月第 1 版
印　　次：2025 年 4 月第 10 次印刷
定　　价：60.00 元

凡所购买电子工业出版社图书有缺损问题，请向购买书店调换。若书店售缺，请与本社发行部联系，联系及邮购电话：（010）88254888，88258888。

质量投诉请发邮件至 zlts@phei.com.cn，盗版侵权举报请发邮件至 dbqq@phei.com.cn。

本书咨询联系方式：（010）57565890，meidipub@phei.com.cn。

前言

在 2023 年的中国，德州扑克已然在各地蓬勃发展，数以百万计的玩家因为各种各样的原因参与到这个游戏中来，也被这个游戏的魅力深深吸引。可是，市场上适合大多数德州扑克爱好者阅读的理论书籍却不多。

毫不夸张地说，德州扑克改变了我的人生，重塑了我的性格。德州扑克理论的波动性让我知道了什么是长期主义、如何关注价值。在进行理论研究时对各种困难的克服也使我的性格变得更加坚毅，脚踏实地。为了玩好扑克，我把人生中最宝贵的 10 年献给了它，而它也回报给了我最好的成长，给我以勇气，给我以历练，给我以荣誉，浇灌出我心底最美的理性之花。

10 年前我通过我的启蒙老师赵春阳先生的《德州扑克入门与提高》入道，10 年后很开心又在赵老师的撮合下有机会通过电子工业出版社和大家分享我对德州扑克的理解。愿这本书能和赵老师的书一样帮助更多的人理解并爱上德州扑克。

目录

第一章 我的德州扑克历练之旅 ········· **001**

  一、初识 ········· 002

  二、历练 ········· 004

  三、赛场 ········· 006

  四、沉淀 ········· 009

第二章 做正确的决策！对思维方式的思考 ········· **011**

  一、空间性归纳与时间性归纳 ········· 015

  二、归纳法只能证伪，不能证明 ········· 017

  三、连续性假设是归纳法的隐含假设 ········· 021

  四、演绎法三段论 ········· 026

  五、逻辑比事实更真实 ········· 029

  六、前提正确是演绎法的隐含假设 ········· 032

  七、任何系统都有自己的基石假设 ········· 034

第三章　玩好德州扑克的核心思想 ………………………… 040

一、德州扑克到底难在哪里 ……………………………………… 041

二、德州扑克的经验主义与长期性 ……………………………… 043

三、对手的打法与水平让决策没有清晰的判断标准 …………… 046

四、纳什均衡与博弈论最优策略 ………………………………… 048

五、GTO 策略的四个前提假设 …………………………………… 051
    1. 零和博弈 ……………………………………………………… 051
    2. 长期性假设 …………………………………………………… 052
    3. 对手最优策略假设 …………………………………………… 054
    4. 双方互相知道彼此的策略 …………………………………… 055

六、剥削策略 ……………………………………………………… 056

第四章　德州扑克理论演进逻辑 ………………………… 057

一、决策本质的异同与整体理论框架 …………………………… 058

二、翻牌前——策略演变 ………………………………………… 061
    1. 翻牌前的理论框架—博弈关系 ……………………………… 061
    2. 翻牌前如何构建范围，是线性范围还是极化范围 ………… 065
    3. 构建反加注范围的逻辑推演 ………………………………… 070
    4. 牛人设计→机器学习→设计硬解 …………………………… 074
    5. 预测未来—软件算力提高对翻牌前范围的影响 …………… 079
    6. 新 GTO 翻牌前范围表介绍 …………………………………… 080

三、翻牌后——进攻 ········· 098

1. 下注的三大目的 ········· 098
2. 下注的目的（升级版） ········· 101
3. 下注的本质三段论推演 ········· 103
4. 权益决定频率 ········· 106
5. 下注尺度与牌面的湿润度 ········· 108
6. 坚果优势与下注尺度之间的关系 ········· 109
7. 下注的规模理论 ········· 111
8. 多个下注尺度 ········· 112
9. 下注的局部优势理论 ········· 113
10. 比赛前期 100BB BTN vs BB 的一些进攻例子和简单分析 ········· 116

四、防守思维方式的理论演进 ········· 120

1. 底池赔率 ········· 120
2. 胜率 ········· 121
3. 隐含赔率与反向隐含赔率 ········· 124
4. 读牌失效与胜率的计算难度 ········· 124
5. 最小防守频率 ········· 126
6. 最小防守频率的谬误 ········· 129
7. 构建在范围维度上符合逻辑的思维方式 ········· 131
8. 比赛前期 100BB BTN vs BB 的一些防守例子和简单分析 ········· 134

第五章　问与答 ········· 138

附录A 148

一、德州扑克基本术语 149
1. 基本术语 149
2. 牌手行动 151
3. 行动线 153
4. 扑克牌的黑桃、红桃、梅花、方块表示法 154

二、一些重要的数学概念 154
1. 补牌 154
2. 一些重要的听牌概念 156
3. 底池赔率与胜率估算 157
4. 胜率估算：二四法则 158
5. 修正法则：所罗门法则 159
6. 德州扑克位置示意图 162
7. 行动顺序 162
8. 底牌别称 163

三、其他表格 164
1. 典型底牌面对对手所有随机产生的底牌的平均胜率 164
2. 不同底牌类型翻牌形成不同牌力的概率 164

四、多桌联赛 5BB/10BB 短筹码策略 168
1. 8人桌 MTT，5BB，底池没有被加注过 168
2. 8人桌 MTT，10BB，底池没有被加注过 175

后 记 183

第一章

我的德州扑克历练之旅

一、初识

2012年的一个夜晚，17岁的我偶然看到电视上的《天下德州》节目，在老旧的电视机面前我看着参与牌局的玩家们精神抖擞，桌子上的筹码起起落落，名列前茅玩家的高额奖金和赵春阳老师的精彩解说不断地刺激着我的神经。霎时，我仿佛被雷电击中一样，那一刻我知道，德州扑克这个游戏，注定要与我结下不解之缘。

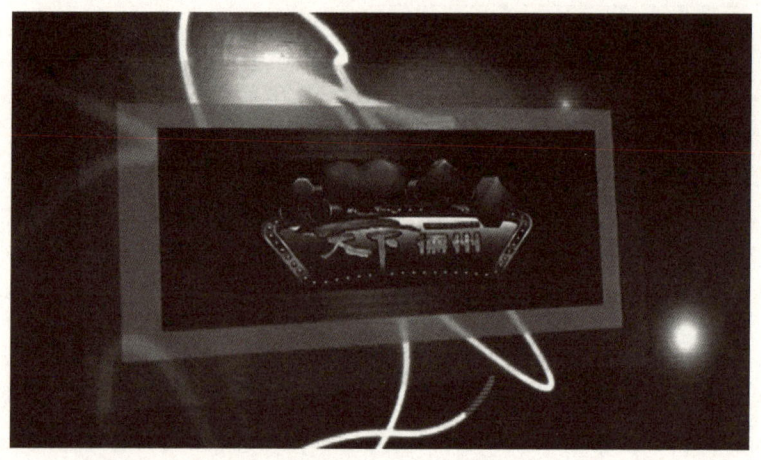

和《赌王之王》中发哥的天资聪颖和一鸣惊人不同，天赋平平的我可以说在新手村里摸爬滚打了三四年。自从在《天下德州》接触到德州扑克之后，我如饥似渴地开始学习与德州扑克相关的书籍，

其中就包括我的第一位启蒙老师赵春阳所著的《德州扑克入门与提高》，还有他翻译的《德州扑克小绿皮书》等。

当时的我可以说把所有的零花钱都花在市面上能买到的德州扑克的书籍上，几乎每一本都看了三遍以上。当然这也直接导致我那一年学习成绩严重下降，最终无心高考复习。在这一点上大家一定不要学我。

在大学寒暑假的时候，时间充裕的我更是疯狂地在社会上所有能玩德州扑克游戏的网站和平台上进行游戏，玩得最多的是 JJ 比赛（以竞技为核心的棋牌游戏比赛平台），凭借多个"10 元话费赛"冠军的积累，我有了以此为职业的想法。不甘寂寞的我自然很快就大学辍学，随后一边工作一边业余打牌，那几年的 JJ 比赛德州扑克专区，"aoshen911"这个 ID 可谓叱咤风云，赢下了平台上许许多多的大型比赛，并且每一年的 JJ 比赛积分榜上的前几名必然有这个 ID 的一席之地。

很快我就在德州扑克爱好者的群体里有了一些名气，我开始在各大论坛和直播中分享我这段时间以来积累的德州扑克知识。说实话，站在现在的角度来看，当时我对这个游戏的理解实在太过粗浅，以至于当时部分见解可能有些误人子弟。但是在不断的交流和学习中，我也练就了极其扎实的基本功和沉淀了理论素养，当然这也给我后来的高效学习和总结打下了坚实的基础。另外，在此期间我还参加了很多国内外的线下赛事，不过总的来说收获寥寥。

二、历练

2016年，我认识了我的德州扑克生涯中的第二位重要贵人——扑克迷的老板龙哥，也很幸运地加入了当时全中国最大的德州扑克媒体——扑克迷。这里有一件趣事十分值得一提：加入公司之后，当时的运营主管让我给自己起个花名，我为了表示对公司的忠诚，把起ID这个重任交给了公司，并且表示公司让我叫什么名字我就叫什么名字！于是，"扑克迷教练"这个ID就诞生了。这个ID后来陪伴着我参与了多项国内外赛事的解说以及扑克节目的制作与编辑工作，当时我策划主持的《德州故事会》最为出名。

我主持《德州故事会》

该视频一经播出，在全网有将近400万次的播放量，这也使得我在机缘巧合下认识了众多当时叱咤牌坛的风云人物，而其中，对我影响最大的要数当时的"亚洲第一人"——赵威，后来我也有幸跟他学习了一段时间。在扑克迷我度过了快乐美好的三年，这对我的德州扑克水平是个很好的修炼。

我与赵威（右）

随着我的心得与见识不断增长，我对德州扑克整个游戏的理论体系的认识有了巨大的提升，也因此结识了很多学生和粉丝。出于共同的爱好，其中有很多人和我结成终身的伙伴并成为挚友。

> Hold'em — like life itself — has its defining moment. It's the flop. When you see the flop, you're looking at 71 percent of your hand, and the cost is only a single round of betting.
>
> 扑克就像生活，它的关键时刻是翻牌。当你看到翻牌时，你只下了一圈注，但你看到了71%的牌。
>
> —— Lou Krieger

三、赛场

2017—2019年算是我在牌桌上"大杀四方"的三年，凭借着多年的积累和学习，我的扑克水平也逐渐走向成熟。2017年的"北京市民扑克大赛"，我在2000多人的主赛中拿到了第23名的好成绩，更令人欣喜的是在参赛的过程中，我认识了那届比赛的冠军和后来的传奇教练林蔚。

第一章 我的德州扑克历练之旅

林蔚（中）

随后的"APT亚洲巡回赛越南站"，我第一次尝到了线下冠军的滋味。有趣的是，我是那场比赛第一个被淘汰的人，重进之后又获得了冠军。在之后的Ivey邀请赛中，我幸运地战胜了来参加的许多高手，获得亚军。更为有价值的是，那场比赛我从还剩40多人起就一直在直播桌上，那个年代的视频虽然可以用"座机画质"来形容，但也详细地记录了我获得胜利的全部珍贵过程。赛后，我以此为范本做了属于我自己的第一个锦标赛教程。

在线上比赛中，我的成绩较线下更为辉煌。2018年"全中国线上比赛排行榜前十"中，我和我的学生就占据了6位，奖金也是拿到手软。以至于后来我都不愿意去现场参加比赛了。那个时候便有很多学生慕名而来希望向我拜师学艺，我从那时起开发了自己别具一格的德州扑克培训产品并一直经营到现在。

我在"APT 亚洲巡回赛越南站"夺冠

因为有时差,国外比赛经常在夜里举行,外加我长年累月地大量参赛,高强度的身体和脑力消耗使我的健康开始出现问题。从 2017 年开始我就严重神经衰弱,平均每天入睡时长只能达到 2 小时甚至更短,平日里缺乏锻炼更使我身心疲惫。

有一天,我居然在一场进行中的线上牌局中直接晕倒在电脑桌前,20 岁刚出头的我,甚至还不如 40 多岁人的精神状态。躺在病床上,看着一个个朋友进门探望看到我时的诧异表情,我知道,是时候该换种生活方式了。

所以这里也特意另换一行文字,衷心地建议大家千万不要以牺牲身体健康为代价沉迷于德州扑克,不要让德州扑克成为你人生的负 EV。

If you always start with the worst hand, you never have a bad-beat story to tell.

如果你每次都拿到烂牌，你永远不会被小概率击败。

—— Chuck Thompson

四、沉淀

2020年4月，我告别了所有的比赛，遣散了所有的学生，停止了所有的教学活动，踏踏实实地度过了一年无忧无虑的"退休"时光，吃吃喝喝之余接触、学习了大量与德州扑克无关的书籍与课程。各行各业的新知识第一次在我的脑海里如洪水般涌入，形成体系。也是在这个时候我接触到很多博弈学、哲学、经济学、商业等知识，这对我后来整理和理解德州扑克知识起到了极大的帮助作用。

2021年年初，我又重新回到了我热爱的德州扑克界。不过与之前不同的是，这一次我不再注重于一场一场的比赛结果，而是希望从更高的维度，真正地理解德州扑克这个魅力四射的游戏。经过一年的努力与思考，我开创了在国内全新的教学方法与思维链路，把玩好德州扑克的精华策略总结汇编成体系。

这套体系如下图所示。

2个维度	5大博弈关系	6大思维模式	8大牌面
手牌维度	前位对大盲	下注的本质目的	高牌干燥面
范围维度	前位对中位	权益决定频率	高牌链接面
	3Bet底池	下注的规模理论	中张干燥面
	SB Limp BB	下注的局部优势理论	小小小牌面
	SB Open BB	赔率对比胜率	A高面
		最小防守频率	基本公对面
			高牌公对面
			天花面

教学体系

这套体系不同于以往教条烦琐的数学模型，也不盲从人们难以理解的 AI 解算软件，而是从更高的、哲学的维度出发，精细到具体的博弈关系、攻防策略，希望能帮助更多人理解德州扑克的魅力与博弈智慧。

第二章

做正确的决策！对思维方式的思考

德州扑克所需要的最重要技能就是做决策，而做决策就需要思考，人类的逻辑思维有两种：归纳法和演绎法。不理解这两种思维方式的误区与优劣，是不可能真正理解德州扑克的思维方式与理论的。

归纳法是从个别到一般，通过实践推导结论，把从某种层面上总结的规律和经验推广到一切时空。这种模式在一定程度上能表明所有给定事件的秩序，体现事件的共性。然而，并不是所有事件都有连续性，固有的思维模式会让你陷入一种温柔的陷阱——归纳法谬误。打破认知边界，理解相对正确的理论以指导游戏策略，你需要全新的思维模式——演绎法。

但是演绎法必须有一个基石，一个来自系统之外、能够逻辑自洽的元起点。这个元起点既可以称为第一前提、逻辑奇点，也可以称为第一性原理。

什么是第一性原理？亚里士多德说：任何一个系统都有自己的第一性原理，它是一个根基性命题或假设，不能被缺省，也不能被违反。第一性原理好比树木的根基，很少有人会注意到繁茂枝叶下的树根。

在具体剖析第一性原理之前,我们需要进一步了解人类日常生活中常用的两种逻辑思维方式:归纳法和演绎法。

归纳法是人类最基础、最常见的用"智"形式,这是一种内置在人类基因中的思维定式。人们会从具象的经验中归纳出抽象的规则(知识)。

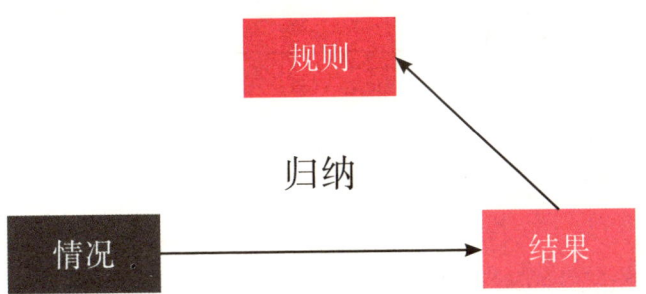

演绎法也是我们很熟悉的一种思维习惯。按照清华大学吴国盛教授的说法，演绎法是理性思维的主要方式之一。演绎法是从一般到个别，从规则或者理论上推出预期到观察检验预期是否确实存在。二者的区别在于：演绎法先推论后观察，归纳法则从观察开始。

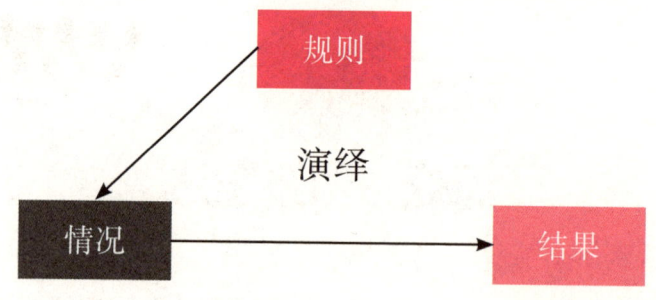

演绎法是一种很奇特的思维方式，简单来说，它是一种逻辑自证的学问。只要具备元起点，人们就可以通过演绎法一步一步推演出未来。

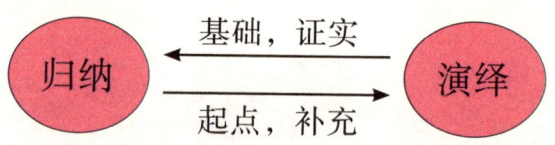

归纳法与演绎法是人类主要的两种思维方式，只有了解了这两种思维方式，我们才能进入真正的逻辑推理当中，才能知道德州扑克的理论演进过程是多么清晰深邃。

Sometimes you'll miss a bet, sure, but it's OK to miss a bet. Poker is an art form, of course, but sometimes you have to sacrifice art in favour of making a profit.

有时候你会输,但是输了也很好。扑克是一项艺术,有时候你不得不为艺术献身。

——Mike Caro

一、空间性归纳与时间性归纳

在具体讲解归纳法误区之前,我们首先需要充分了解这种思维方式的具体内涵。通常,人们在使用归纳法时,往往会先设定一定的参照。而从人类的思维惯性出发,这种参照往往是空间或时间,也就由此引申出"空间性归纳"与"时间性归纳"。

所谓空间性归纳,简单来说,就是人们会默认在某个空间中有效的规律,在其他空间甚至全部空间中也是有效的。就好像你在线上比赛中用某种策略屡屡战胜对手,就自然地觉得这种策略在线下比赛中也会十分有效。我们可以用一个更通俗的例子来说明:中国的天鹅是白色的,欧洲的天鹅也是白色的,美洲的天鹅还是白色的,所以所有的天鹅都是白色的。如果真的是这样,就不会有黑天鹅出现了。

全世界的天鹅都是白色的？

我的一个学生曾经跟我说过一件非常有趣的事情。他说他每次去欧洲打比赛都能进奖励圈，而在国内打就不行，所以他宁愿承担高额的往返费用和差旅费用不断地来来回回。诚然，只到一个福地去参加比赛有一些隐形的好处，诸如信心倍增，打法风格更适合等，但真的是不是值得花数倍的成本去，我相信他也并没有经过很认真的考量，这就是人性心底对空间性归纳法的深刻依赖。

时间性归纳，顾名思义就是人们认为某些在过去的时间里成立的规则，在当前甚至未来也同样有效。就好比一个牌手这手牌拿到AA赢了，就自然而然地想下一手也会赢。归纳法是一种把一定时空边界之内的规律推广到所有时间和空间中的思维方式。几千年来，无论是东方人还是西方人，大家都会使用这样的思维方式。我们甚至可以说，99%的人类日常知识、经验建立在归纳法之上。在牌桌上，有很多使用归纳法的例子，尤其是在初学者和没有系统学习过理论却又经验丰富的玩家中。为什么他们那么喜欢用归纳法？

例如，自己拿到一手牌深思熟虑做出决策，决定诈唬掉对手。如果结果是好的，多半他不会详细分析背后的逻辑推演，而会在下次继续使用这种策略。反之,如果结果是差的,他就会不断复盘,思考是否有更好的打法,哪怕他的决策并没有什么错。

二、归纳法只能证伪,不能证明

归纳法不仅被人类广泛地应用于认知层面,还在科学领域中具有重要的地位。1620年,英国哲学家弗朗西斯·培根(Francis Bacon)在《新工具》一书中首次提到了科学主义的归纳方法,该方法被称为"培根方法"。他认为:"科学工作者应该像蜜蜂采蜜一样,通过搜集资料,有计划地观察、实验和比较,揭示自然界的奥秘。"迄今为止,归纳法依然是科学家在进行实验时使用的主要方法之一。

弗朗西斯·培根

既然是科学，自然要让所有人信服。在科学实验中，科学家通过系统的操作得到某种新发现，他们会以发表论文的方式告知全世界。但是对于其他科学家来说，这种发现是否成立，还需要一个条件——实验结果的可重复性。

也就是说，这个新发现必须由其他科学家在另外的时空中，按照实验步骤将结果成功重现，才能确保这种发现的有效性。独立的可重复性是科学界检验规律是否成立的重要方法。如果不能被验证，实验的结果就无法被学术界认可。

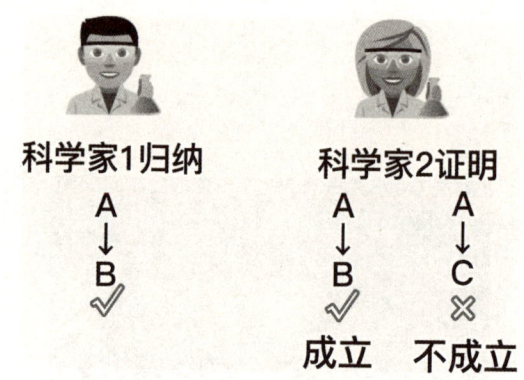

2016年，某大学的基因编辑科研团队，发表了一篇标题为《使用 NgAgo 进行 DNA 引导的基因组编辑》(*DNA-guided Genome Editing Using the Natronobacterium Gregoryi Argonaute*) 的学术论文，声称发现了一种新的基因编辑方法，一时间引起了学术界的广泛关注。但其他基因科学家经过验证发现，根据该团队公布的实验过程，并不能得到相应的结果。在学术界质疑的声音中，该科研团队不得不承认实验过程存在不严谨的设计,相关论文也被撤回。

虽然在科学领域中,归纳法将所谓的"独立可重复性"设为标准,从而确保实验结果的有效性,但这并不意味着,我们通过归纳法总结出来的规律就一定是真实的。

18世纪,苏格兰哲学家大卫·休谟(David Hume)在《人类理解研究》一书中提到了归纳问题,该归纳问题又被称为"休谟问题"。他认为:"我们不能以先验的知识证明未来就会和过去一致,因为(在逻辑上)可以思考而出的明显事实是,世界早已不是一致的了。"简单来说,休谟提出的就是所谓的"归纳法谬误",其强调未来的世界未必与过去或者现在的世界相同,所以在过去或现在有效的规律在未来却不一定依旧成立,即不能把一定时空边界之内的小概率事件,推而广之为整类事物超时空所共有的规律。其实,人类所犯的很多错误都源于把边界之内的规律不恰当地推广到边界之外。

大卫·休谟

还是以我们前文提到的对天鹅的认知为例。我们在欧洲看到的天鹅是白色的，在美洲看到的天鹅也是白色的，真的就意味着所有的天鹅都是白色的吗？答案当然是否定的，因为在澳大利亚，还分布着少量但确实存在的黑天鹅种群。

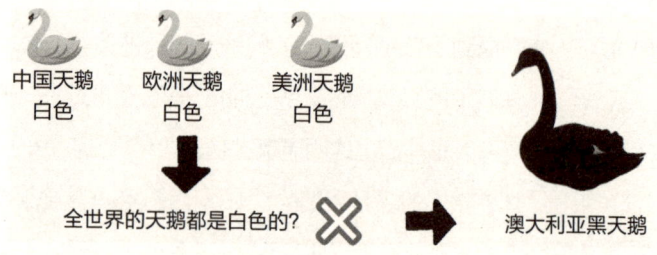

归纳法谬误说明了一个可怕的事实：在过去的几千年里，我们一直在使用甚至在未来会继续使用的思维方式并不能准确地诠释事物背后的规律。即使所有前提都是正确的，我们也无法确保总结得到的结论一定为真，而独立、可重复性验证规则的存在，只能用来判断归纳的结论是否存在问题，却无法验证结论的正确性。换句话说，归纳法的结论就是等待被推翻的假说。

就像英国哲学家卡尔·雷蒙德·波普尔（Karl Raimund Popper）所说的那样，科学理论和人类所掌握的一切知识都是推测和假想，人类在解决问题的过程中不可避免地掺入了想象和创造，从而使问题能在一定的历史、文化框架中得到解答。人们只能依靠仅有的数据提出一个科学理论，然而，又不可能有足够多的实验数据证明这个科学理论绝对无误。

卡尔·雷蒙德·波普尔

在此基础上,波普尔得出了科学的第一大特性——可证伪性,即有可能被证明是错误的那个理论才是科学的。如果一个理论永远不可能被证明是错误的,那么这个理论就不是科学的。

总而言之,归纳法只能证伪,却不能证明。

三、连续性假设是归纳法的隐含假设

我相信,大多数人在了解归纳法之前,都会认为在之前的生活中了解到的知识都是真理,归纳得到的规律都具有一定的指导意义。这种现象在扑克爱好者身上尤其常见,因为能够坐在桌子上的人必然不是奔着取得游戏的失败来的,自信是其必备的个人特质之一。

而过于自信的人,往往会对自己的认知格外信任。

除此之外,更加真实的原因是人们总是下意识地忽略或默认推论过程中的隐含假设。所谓隐含假设,就是推论在逻辑层面的大前提。在固定的时空中,忽略已经经过验证的前提去推导结论,在某种程度上是行之有效的。但在涉及时空转换的归纳思维当中,时间性归纳法的隐含假设是未来和过去一样;空间性归纳法的隐含假设是一个地区与另一个地区的特性相同。这两种隐含假设虽然也经过验证,但都是用归纳法总结出来的规律。

所以,推翻一个结论,不要从结论入手,而要从它的隐含假设入手,如果作为根基的隐含假设不成立,结论自然不成立。

这也是辩论高手的常用方法,从根基和结构切入,不要从内容切入。

在我们过去的经验里,太阳总是从东方升起,所以我们想当然地认为,将来太阳会继续从东方升起。这种想当然,来自我们的潜意识,默认了未来与过去一样的隐含假设。但未来与过去一定一样吗？关于这个问题，我相信大多数人的证明方式是这样的：因为今天与昨天一样，昨天与前天一样，所以，在我们的经验里，未来总是和过去一样的。实际上，我们只是在使用归纳法证明这种隐含假设是正确的。而归纳法只能证伪，不能证明，所以我们自认为合理的隐含假设，只不过是时空上的连续性假设。

在著名的科幻作品《三体》，中，作者刘慈欣描绘了一个地球与宇宙中其他文明交流斗争的宏大未来，其中的主线就是地球文明与想要占领地球的外部世界"三体"文明之间的战争。

在全书的第二篇"黑暗森林"中，刘慈欣描绘了这样一个场景：作为"面壁者"（地球人对抗三体人的领袖）之一的罗辑教授，在傍晚时分，带着自己的孩子到与三体文明联结的信号塔下面去玩耍。与罗辑联结的三体人问他："为什么太阳要落下了，你的孩子却不害怕呢？"罗辑回答道："因为孩子知道，明天太阳还会升起。"

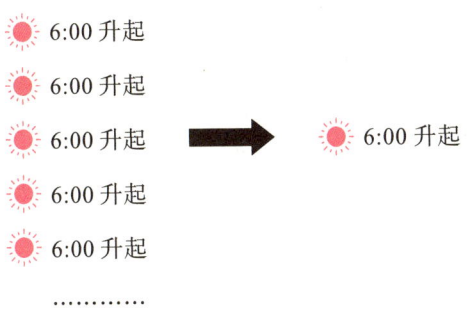

虽然这种回答对于地球上的人来说再正常不过，但对于绕着三颗恒星不规则运动的三体星球人来说，第二天是升起一个太阳，还是两个、三个，或者根本没有太阳，这些都是完全不知道的。所以，在我们看来如同真理的规律，在其他时空中，并不一定成立。

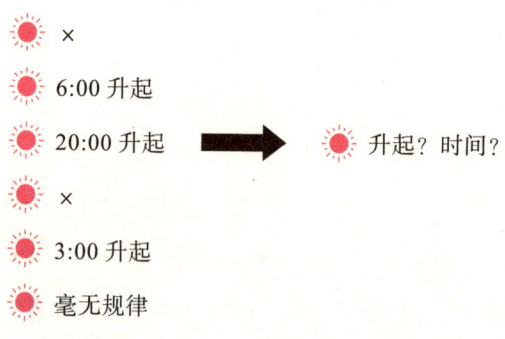

虽然科幻作品中描述的未来世界并不一定为真，但至少说明了一点，连续性假设是归纳法得以形成的隐含假设和前提性假设，而连续性假设并不是归纳法本身能够证明的。我们需要的证据是我们要证明的对象，从逻辑层面来看，我们根本没有办法证明连续性假设，这是一个无限循环的悖论。

连续性假设不是一个逻辑推理的结果，而是一个非逻辑的武断，它是一个被默认正确的隐含假设，而不是必然正确的假设。所以休谟说：太阳从东方升起只是一个假设而已。

那么为什么人类有非逻辑的武断呢？因为大脑有先天的结构性缺陷——最小作用力原则。为了节省大脑运算空间，人类大脑只能假设未来不会变化。

有两个认知吝啬鬼规则。规则之一：认知的时候，默认用眼睛，能不用脑就不用脑。你说服别人的时候千万不要用理性，用直觉和眼睛就可以了。但是你防止被忽悠的时候一定要用理性。你可以忽悠别人，但不要被别人忽悠。

规则之二：用脑的时候，默认连续性。人类所有的问题就是这个结构性缺陷引起的，芒格称之为"一致性原理"。人类会由于天生的避免不一致倾向而犯认知错误。

这是一个初看起来无足轻重的抬杠式问题，但它是一切德州扑克玩法的根基。混沌大学创始人李善友教授曾经在多个场合提及他对第一性原理的推崇。

德国哲学家伊曼努尔·康德（Immanuel Kant）说过："哲学家的事业在于追究所谓自明的东西。"如果你有机会从固有的思维模式中跳脱出来，你会发现生活、工作中很多所谓自明的东西，其实都是假设。打破固有的思维模式，往往会发现一个全新的认知边界。这对于提高德州扑克的游戏水平至关重要。我们每天都在玩德州扑克游戏，一个最慢速的现场游戏也能让一个玩家在一小时中至少做20～30次决策，而这些决策都在收获一个又一个的游戏结果。如果不跳出经验主义的牢笼，那么一个牌手必然会陷入这种归纳法谬误之中。

> *One day a chump, the next day a champion. What a difference a day makes in tournament poker.*
> 第一天还是个笨蛋,第二天就成为冠军。这就是扑克比赛一天产生的不同。
> ——Mike Sexton

四、演绎法三段论

既然归纳法无法在非连续性的时空中确保其有效性,那么在思考诸如德州扑克理论这样的复杂问题上,自然需要另外的思维方式作为工具,我认为这个工具就是演绎法。

演绎法不是我们熟悉的思维方式,它需要我们有一定的思考能力。归纳法是将眼睛看得到的事实归纳为规律,基本上用的是感性思维,而演绎法是理性思维的主要用智形式。

演绎法起源于古希腊的演绎知识,是一种根据元起点利用正确的逻辑推导出新知识的思维方式。其实,不仅是演绎法,今天的许多科学都启蒙于古希腊文化。如果不是古希腊的一众先贤创立并发展了哲学,科学的诞生与发展也就无从谈起。而在古希腊哲学中,最基础的用智方式就是演绎知识。

第二章　做正确的决策！对思维方式的思考

古希腊的哲学家和科学家相信，世界上始终存在一个必然正确的元起点，从这个元起点出发，通过逻辑性的推导，人们就可以获得新知识。为什么古希腊的哲学家会相信元起点的存在呢？被誉为希腊三贤之一的柏拉图（Plato）对此是这样解释的：知识就是回忆，即真正的知识是本来就有的，你只要把它回忆起来，以它为元起点，就能推导出全部的新知识。柏拉图的这一思想为演绎法奠定了基础，但没有提出具体的推导方法，这部分工作是由他的学生，同样被誉为希腊三贤之一的亚里士多德（Aristotle）来完成的。

柏拉图

亚里士多德

可以说，亚里士多德是西方世界观的奠基者。在哲学领域中，但凡提到"哲学家"这个词，大多数人首先会想到的就是亚里士多德。他以一己之力建立了"逻辑学"这门学科，对今天的科学研究产生了巨大的影响。毫不夸张地讲，逻辑学堪称其他所有科学的语言。亚里士多德在逻辑学方面有一个重要的特性表述——必然的导出。

简单来讲，亚里士多德认为，从一件事物推导出另一件事物，中间存在一个必然的导出，而这个导出的过程就是所谓的逻辑。根据这种认知，亚里士多德创造了演绎法中的经典句式，即我们常见的三段论。

三段论，顾名思义有三个组成部分，即大前提、小前提和结论。在大前提和小前提正确的基础上，结论必然成立。我们可以用一个经典的三段论句式来说明。

所有人都会死，
苏格拉底是人，
所以苏格拉底也会死。

在上面的三段论中，如果大前提和小前提是正确的，那么第三句结论一定为真。与归纳法相比，演绎法的一大优点恰恰是可以保真。而使用归纳法时，无论前提多么正确，做多少实验去验证，也不能保证结论一定为真。反思一下，你最得意的那些德州扑克的技巧，有没有用演绎法三段论思考过呢？如果答案是否定的，那么你要小心了，你所认知的经验和学习到的技能都建立在并不牢靠的根基之上。

> Limit poker is a science, but no-limit is an art. In limit you are shooting at a target. In no-limit, the target comes alive and shoots back at you.
> 限注德州扑克是科学,无限注德州扑克是艺术。在限注德州扑克里,你在打靶;在无限注德州扑克里,靶子活了并且会打你。
> ——Crandall Addington

五、逻辑比事实更真实

从形式上来说,归纳法与演绎法都是基于前提推导出结果的,但为什么归纳法只能证伪,不能证明,而演绎法可以保真呢?

原因很简单,在演绎法的推导过程中,存在一个重要的准则——逻辑正确。也就是说,我们从 A 推导出 B,中间的过程必须符合正确的逻辑。古希腊人甚至认为,从 A 事物到 B 事物之间的逻辑才是实体,而 A、B 这两个事物不一定是实体。

关于演绎法和归纳法的争论由来已久,争论的核心就是逻辑与实践的关系:是逻辑引导实践,还是实践引导逻辑?

换句话说,这个问题涉及逻辑是真实的,还是实践是真实的。

关于这个问题的答案,我们可以从历史中获取。

东方古老文明的本质是技术和艺术,而技术和艺术是建立在实际操作之上的，实际操作在先，经验总结在后，这是典型的归纳法。换句话说，这是一种运行在操作上的试错法，俗话说"实践出真知"，就是东方人思维的原型。我们相信实践第一，真知第二，真知建立在实践之上。

与以实践引导真知的归纳法不同，起源于古希腊对哲学和科学思考的演绎法思维方式更倾向于相信逻辑假设在先，实践检验在后。

在实际操作过程中，我们可以先用一个抽象的理论假设来指导未来的生活和工作，然后用未来的实践结果来检验这个理论是否成立。这种思维方式的缺点是速度慢，想要找到一个深刻的抽象理论并不是一个简单的过程。但其优点也非常明显，根据这种思维方式确认的理论，往往具备可迁移性。只要在逻辑上成功地推导出一个共同的抽象概念，与此相关的所有具象问题就都可以解决。

2016—2017年我经常纠结于一个问题：AI解算软件算出的结果对我们到底有没有借鉴意义？在那个时期大部分优秀的职业牌手并不像今天一样持有肯定的观点，而是举出很多例子说明AI计算的不足。我应该是最早一批坚信并研究AI的国内牌手，这也是我那两年进步飞速、声名鹊起最重要的原因之一。我为何如此确定AI将彻底颠覆德州扑克的经验性理论呢？

当然，对于已经习惯了东方思维的我们来说，想要快速地接受西方哲学家"逻辑比事实更真实，只要逻辑成立，事实一定成立"的思维方式，并不是一件容易的事情。毕竟，让人们相信"看得见、摸得着的东西并不一定是真实的，但看不见、摸不着的逻辑一定是真实的"，听上去有些天方夜谭。我有幸在混沌大学创新商学院进修过几期课程，其间对我最有帮助的就是以下的演绎法推理，它让我无比笃定我研究方向的正确性。

大前提　在益智游戏中 AI 水平必将超越人类。

小前提　我是一个人类。

结　论　即使完全抄袭 AI 策略，甚至把自己改造成没有感情的机器人，我终将有一天会战胜现在战胜不了的高手。

那个时候的我就十分笃定，即使模仿 AI 都是有价值的，何况我笔耕不辍地研究学习，总结理论并弥补不足。正是这种笃定让我有了后面成果的大丰收。而当时的有些牌手并未如此笃定，他们更相信多年的经验给自己带来的进步与反思，不惜重金请教当时的高手进行学习。几年后 AI 兴起，他们又慌不择路地去研究学习，一边研究一边骂骂咧咧地不愿意放弃自己过去的经验，头痛医头，脚痛医脚，结果即使是当年的顶尖高手如今也难免泯然众人矣，不禁令人唏嘘。

在了解了归纳法与演绎法之后，我想问你一个问题：对德州扑克爱好者来说，想要玩好德州扑克是用演绎法还是用归纳法好呢？

我相信大多数人会选择归纳法，通过实践获取经验，然后将经验推广、扩大、重复、积累。实际上，如果牌手沿着这条路走下去，德州扑克的理论不会有真正的飞跃。在牌坛大部分被 30 岁以下牌手统治的今天，在有着复杂体系的德州扑克江湖，只有用演绎法推导出的策略才可能让你迅速脱颖而出！

六、前提正确是演绎法的隐含假设

第一性原理是哲学思维的重中之重,因为如果没有第一性原理,所有理性系统的建立就都无从谈起。在不同的系统中,第一性原理存在的形式也有所不同。在科学领域,科学家总是把第一性原理称为第一因;在哲学领域,哲学家常常将第一性原理与逻辑奇点画等号。但无论在什么系统中,第一性原理作为系统的根基,其地位始终都无法被撼动。

从第一性原理出发,我们可以演绎推理出系统中各种各样的上层建筑。而根据不同层级的第一性原理,我们也可以在不同层级的系统之间建立紧密的联系。虽然第一性原理通常隐藏在系统之外,但它为系统的进步提供了源源不断的根基性动力。

虽然演绎法思维可以从逻辑的维度高效地解决某个领域的全部问题,但演绎法有一个结构性的问题——不能证伪。

在用演绎法推导的过程中,只有前提正确,结论才能正确。

但是,我们如何确定前提是正确的呢?归根结底,演绎法的前提来自归纳法,所以演绎法终极无效。仍举前述例子。

> 所有人都会死,
> 苏格拉底是人,
> 所以苏格拉底也会死。

在这个推论中,前提是所有人都会死。挑战在于,凭什么说"所有人都会死"?回答这个问题,我们只能从记忆、经验的角度总结出"世界上没有长生不老之人"这一观点,以此验证这个前提的正确性。因为作为前提的认知来自归纳法,而归纳法是不能保真的,所以我们也就无法判定演绎法推导出的结论的正确性。

在三段论演绎法中,只有前提正确,才能保证结论正确。

从这个角度来说,演绎法的隐含假设就是前提正确。演绎法的价值在于其可保真性,实际上,可保真取决于前提为真,而来自归纳法的前提不能确定为真。所以,使用演绎法的关键在于确保前提的正确性,即前提不能来自归纳法。

这时有且仅有一条路,即三段论的前提如果不来自归纳法,就必须来自一个更高链条的演化推理所推导出的结论。在一般情况下,在一个更大的系统中,经过演绎推理推导出的一个结论,对于包含在大系统中的子系统而言,可以把这个结论继承过来作为新推论的大前提,同时可以保证这个大前提为真。

这时,问题又来了:我们怎么能保证在大系统中演绎法前提的正确性呢?同样的道理,这个前提不能来自归纳法,所以我们只能从更大范围的系统中找到一个演绎推理的结论,将它继承过来作为三段论的前提。

当然,演绎法的链条不能无限地倒推下去,最终必须有一个基石,即一个能够自确定的元起点——第一性原理(First Principle)。

> Poker is not a game in which the meek inherit the earth.
> 在扑克游戏里，老实人没有地位。
> ——David Hayano

七、任何系统都有自己的基石假设

早在 2000 多年前，亚里士多德认为，在每一个被探索的系统中，都存在第一原理，它是一个最基本的命题或假设，不能被省略或删除，也不能被违反。这里的"第一原理"，就是我们所说的第一性原理。

在哲学思维中，有一个底层的、根基性的公式：

第一性原理 + 演绎法 → 理性系统

也就是说，依据已经给定的某个第一性原理，加上演绎法的推理，我们就可以把系统之内的其他所有命题推理出来。换句话说，任何理性系统内部都可以用演绎法来推理，而推理必须建立在第一性原理之上。我把它画成一个模型，把第一性原理放在理性系统之外，它就是系统的大前提，用它加上演绎法，推导出整个理性系统。

需要提醒你的是，这里有一个非常重要的"单向性法则"：第一性原理是一个直接给定的且可以自确认的元前提，而不是在这个系统中被推理出来的结论。

对于理性系统而言，第一性原理就像深埋在地下的地基，人们通常只能看见地基之上的楼层，而忽略地基的存在。但地基又是如此重要，因为只有地基越深，大楼才能建得越高、越稳固。这就是第一性原理传达的含义。

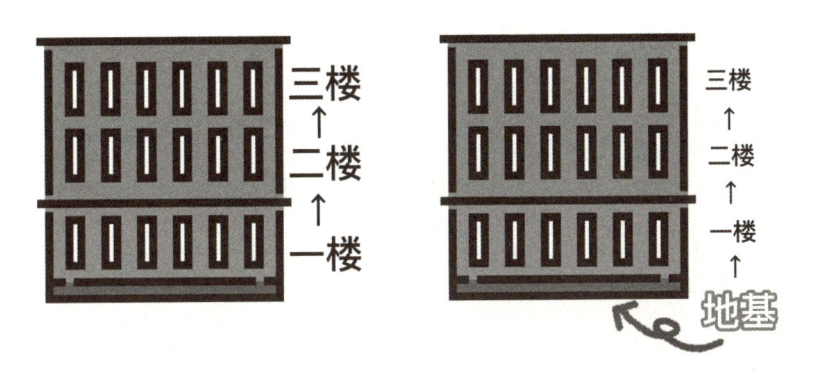

对第一性原理的特性有很多种不同的描述方式。它是系统之外的，既是自确定的，也是元起点，对应我们在中学学到的概念——公理。它是基石假设，是整个推理过程中的第一因，又被称为"逻辑奇点"。如果深究，这些不同的描述确实存在一定的区别，但对于我们在生活、工作中的实际应用来说，这些区别基本上可以忽略不计。

站在不同的角度，第一性原理在实际应用中的含义不尽相同。但在实际应用的过程中，对我们而言，只要是决定系统的元前提，我们都可以称之为"第一性原理"。

理性系统（演绎法）

第一性原理

关于第一性原理的基石特性，在科学和哲学领域中都有着广泛的认知基础。科学家认为，爱因斯坦的广义相对论是用于描述宇宙演化的正确理论。

在经典广义相对论的框架里，霍金和彭罗斯证明了，在一般条件下，空间与时间一定存在奇点，最著名的奇点就是黑洞和宇宙大爆炸处。在奇点，所有定律以及可预见性都将失效。奇点可以被看作空间与时间的边缘或边界。只有给定奇点处的边界条件，才能由爱因斯坦方程得到宇宙的演化。由于边界条件只能由宇宙外的造物主给定，所以宇宙的命运就被操控在造物主的手中。

这就是从牛顿时代起一直困扰人类智慧的第一推动力的问题。而在哲学领域，也有着追究终极的概念。当我们不断地追究系统的源头时，总能找到答案。无论是第一动力（或第一因），还是终极，从本质上讲，它们都属于基石假设，或者说第一性原理。

不过，受限于人类当前的认知水平，我们很难准确地找到所有系统最终的元起点。

在西方社会中，受到宗教信仰的影响，第一因往往是以"上帝"之力的形式存在的。之前我在混沌大学旁听过一门哲学课，老师讲到，任何事情都有原因，原因还会再有原因，所以就形成了因果链。而因果链不能无限倒推，所以最终必须找到第一因。这个第一因必须是唯一因，它生发出所有其他原因，同时还生发了自己，我们把它称为起点。

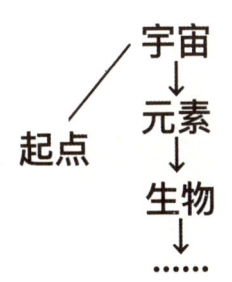

```
          宇宙
         ↗ ↓
    起点   元素
         ↘ ↓
          生物
            ↓
          ……
```

中国古代的思想家、哲学家老子曾经提出"道生一，一生二，二生三，三生万物"的说法。这里所谓的道，其实就是道家思想的基石假设，也可以说是第一性原理，在道存在的前提下，我们才能推导出有关道的一切认知及学问。

道★ ─一↓二↓三↓……

　　让我们将目光再一次投向科学领域。在宇宙学领域，如今几乎所有的科学家都相信宇宙起源于宇宙大爆炸，但是在大爆炸之前，宇宙还存在另外一个状态——奇点。那么，奇点是什么呢？关于这个问题，科学界至今也没有给出一个标准答案。

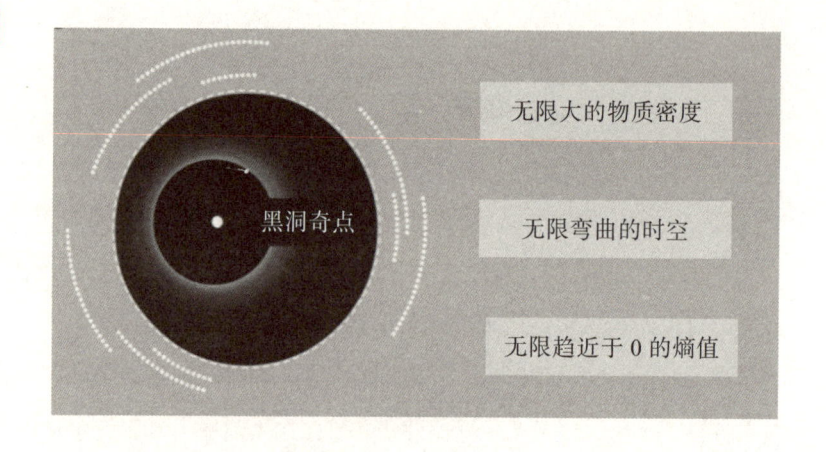

黑洞奇点

无限大的物质密度

无限弯曲的时空

无限趋近于 0 的熵值

　　那么如果要把德州扑克当作一门严谨的学科来研究，构建宏大扑克理论体系的第一性原理又是什么呢？

第二章 做正确的决策！对思维方式的思考

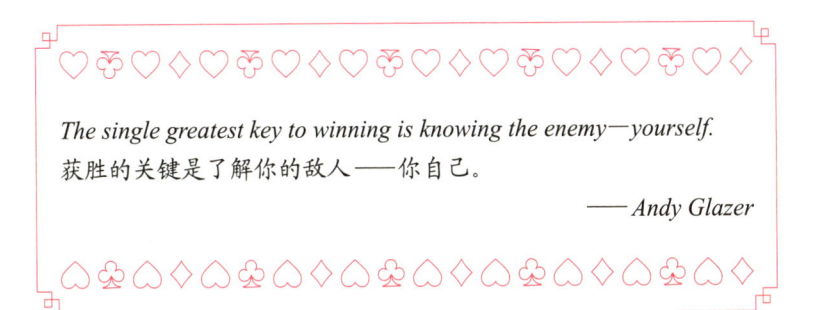

The single greatest key to winning is knowing the enemy—yourself.
获胜的关键是了解你的敌人——你自己。

—— *Andy Glazer*

第三章

玩好德州扑克的核心思想

一、德州扑克到底难在哪里

在开始宏大的理论推演之前,我想先让大家思考一个问题:德州扑克到底难在哪里?智力正常的人大都能够在10分钟之内掌握游戏规则,但在玩了10年德州扑克之后可能还是对其一知半解。德州扑克,它到底难在哪里?

想要弄明白这个问题,第一点就是要意识到:德州扑克的本质是一个决策游戏,你的水平高低取决于你每一个决策的质量。

诸如在枪口位你翻牌前拿到AA,你至少有:弃牌、Limp、加注到2BB、加注到3BB、加注到5BB、加注到全压等多种选项,每一位玩家在游戏的过程中不断地重复一个又一个决策,做出一个又一个决定。一位玩家如果参加一个小型比赛并在最后拿到冠军,就意味着在这场比赛中,他至少要做500~1000个决策。

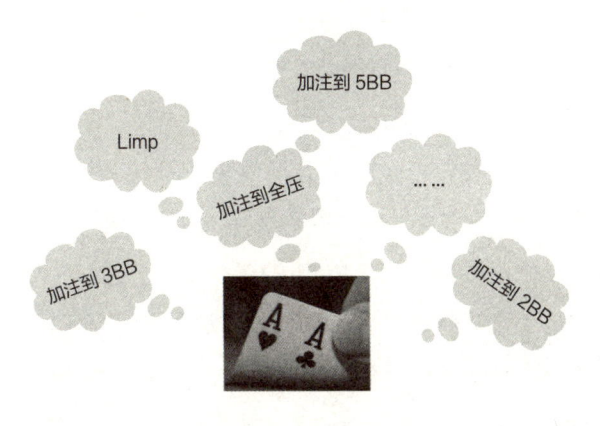

在德州扑克中，如果已有一个清晰的评判标准，再去判断决策本身的好坏并不难，但是真正的问题就在于决策好坏的评判标准并不够清晰。

听上去貌似有些拗口，举个例子：我近期发现了一家餐馆，我对这家的"沙葱炒鸡蛋"这个菜品十分满意，在我常去的几家餐馆中，我给它打9分。我评价它"好吃"这件事情十分简单，因为它在某种层面上是契合我对"好吃"的评判标准的。但是一旦我邀请朋友前往，这件事情就变得复杂起来。朋友说这个菜太难吃了，调料放得太多，已经严重影响了沙葱和鸡蛋本身的味道，他最多也只能给打到3分。也就是说假设我邀请10位朋友前往，这道菜极有可能会得1～10分。因为评判标准不同，大家对于"好吃"与"难吃"的评判并没有一个清晰的定义。当然这个例子由于主观性太强，放在这里可能并不完全合适，但是也足以说明一个事物的判断标准很难界定。中餐几乎是世界上公认最好吃的食物，却没有一家规模能与麦当劳相比的全球餐厅。麦当劳把所有的菜品标准化，让顾客能够在吃之前精确地预测到菜品的味道，而更好吃的中餐却难以做到这一点。一个厨师要想学好沙葱炒鸡蛋，就要理解什么叫盐少许、味精少许、翻炒几下，同时再收获大量口味不同的食客评价。一个厨师尚且如此难以培养，就更别提连锁餐馆口味的统一了。

博弈游戏分为"信息完全博弈"与"信息不完全博弈"。即使对世界上最复杂的信息完全博弈游戏之一——围棋来说，现在的科技也已经能清晰地对每一步棋打分，算出它的好坏。然而德州扑克是典型的信息不完全博弈游戏，我们没有办法清晰地知道其他玩家的手牌与内心策略，这就导致了即使有算力很大的人工智能，也无法预估我们行动之后的清晰结果，这便是德州扑克难度的根本所在。

除了难以判断决策之后的清晰结果，信息不完全博弈游戏的另一大难点在于对决策判断的正确性与结果难以统一。正确的决定有可能带来不好的结果，而错误的决定有时也可能歪打正着。有些牌手屡屡做出高水平的动作，却因为别人看不懂而诈唬失败，只能留下"菜鸟克高手，乱拳打死老师傅"的感叹。我的启蒙老师赵春阳经常说一句口头禅："This poker this life."也许这样能舒缓这种无奈吧。

这种决策正确性与结果不统一的特性让许许多多的德州扑克爱好者在玩了多年之后还是找不到这个游戏的门道，这也是德州扑克真正的难点所在。

二、德州扑克的经验主义与长期性

在我初学德州扑克之时，道尔·布朗森的超级系统曾风靡一时，我至今难以忘却他书中严重违反数学常识的一个观点。他说，在我几十年的打牌生涯中，我发现每次赢下一个大的底池，我往往应该乘着这种气势激进地参与下一个底池。这种想法显然与基本的数学逻辑相违背，毕竟从统计学上讲，每一个决策是独立事件，独立事件之间不存在联系。可是从心理学和我个人多年的德州扑克游戏经验来讲，道尔·布朗森说的显然更符合实际。在北京杯中我用这种理念连续赢了 26 个底池，一时间举座皆惊。道尔·布朗森更是用这种打法取得了职业生涯的巨大成功。

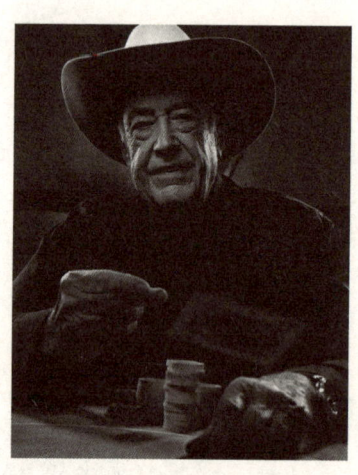

道尔·布朗森

可是，如果我们把目标放在建立一个科学系统的理论架构来指导游戏策略的话，这种思路显然就不能成立。德州扑克的难度在于没有能清晰地判断决策好坏的标准，而建立标准的前提正是要剔除这种由实践经验组成的不能量化的指标。就像沙葱炒鸡蛋的盐少许一定要改成盐 6 克一样，对每一个决策制定出完全量化的衡量标准是构建整个游戏体系的第一步。

年逾 90 岁的道尔·布朗森是幸运的，已成为扑克教父的他已经不需要通过在赛场上战胜对手来证明他的功勋卓著了。可是 Ivey 和 Tom Dwan 就没那么幸运了，随着近些年扑克理论的发展，这些经验丰富的老将在赛场上不断地面对年轻一代的冲击。当仅仅20岁出头的Linus屡屡在牌桌上脱颖而出，一次次地在赛场上击败那些经验极其丰富、拥有人类在扑克领域最高智慧的超级高手的时候，大家才意识到，变革真正到来了。

如果只靠经验丰富，日积月累地完善策略，20岁出头的年轻小伙是绝不可能在面对拥有十几年经验的高手时不落下风的。事实上，现在的年轻高手确实并不需要通过参加大量的牌局、不断积累经验来获得水平的提高。

回到我们的问题，现在的年轻高手是怎样把判断决策的好坏的标准制定出来的呢？

本书的书名叫《德州扑克十年理论波动》，10年间理论和观念应该说发生了天翻地覆的改变，第一个重要的改变就是判断决策的好坏标准变得极其清晰。

道尔·布朗森玩了50年德州扑克，他告诉我们：赢了一个大的底池，下一把还玩，就是好的策略。为什么？因为他赢了50年。这种归纳法思维方式影响了一代又一代的精英玩家在前人的基础上完善决策。但是今天所有决策的好坏有一个前提叫长期性。对于人类这种生物来讲，一个人的经验是不足以被长期使用的。哪怕你在这个牌坛上成就再高，你提出的观点照样会不断被颠覆。

今天的计算机技术如此发达，计算量已经可以达到天文数字，顶尖的计算机可以轻而易举地在几分钟内模拟一个牌手50年的历程，在它面前，所有的经验在时间性上全都变得不值一提。

三、对手的打法与水平让决策没有清晰的判断标准

想要搞懂为什么很难判断决策的好坏,我们就必须知道难度来源于什么。

首先,重要来源之一在于对手。10 年前我打牌的时候,就有扑克比赛的直播,也有学习扑克的公开课,其中令我印象最深的就是对于"德州扑克高手"的定义。德州扑克最牛的高手是什么样子的呢?就是对手在河牌时做了决策以后,对其进行一通分析,而后表明对手的牌自己已经胸有成竹了,无非就是 KQ、KT 或者 KJ,不会再有其他可能。牌一翻开,对手果然就是 KJ,举座皆惊,而这,就是那个年代的高手。

道尔·布朗森可以凭借着他敏锐的嗅觉几乎定死对手手牌的几

个组合，但是这么多年过去了，当对手的策略越来越平衡，当对手的每一个价值都配合着诈唬，当对手开始采用全范围下注、全范围过牌策略的时候，你会发现，你根本无法精确地读出对手的手牌。

即使你偶尔能读出对手的手牌，到底是因为运气，还是真的读对了，你的心里真的清晰吗？这，就是扑克比赛的现状。归纳法也许适用于简单情境和极其不平衡的对手，但绝对对付不了天赋异禀的年轻人。

怎么解决这个问题呢？

以 Linus 为首的年轻人，为什么在小小的年纪，可以不通过读牌而通过一种系统的、可执行的策略去战胜那些经验丰富的高手呢？这里就不得不引申出这 10 年里最最重要的一个策略——GTO（博弈论最优）策略。

2013 年，一位斯坦福大学的博士做了这样一个实验：他聚集了当年在美国本地小有名气的 9 个职业牌手，每天打 50 手牌。在每一手牌打完以后，所有人的筹码都会被恢复到最初的状态。实验结束后，大家看着结果都沉默了：9 个职业牌手在同样的情况，面对同样的对手，拿到同样的牌时，他们做出的决策没有一手牌到河牌时是一模一样的。也就是说，即使所有的可控变量都一样，他们也不能保证自己做出的决策是一样的。在所有的因素面前，人是最不可控制的变量。

于是这就让读牌这种策略变得很可笑了。

有人说读不出牌没关系，我照样可以读他的牌的范围。可是，有些人会觉得对手的牌的范围是这样的，有些人会觉得对手的牌的范围是那样的，决策的好坏仍然很难评判，甚至有些人会把德州扑克的玩家分成 4 类：松凶、紧凶、松弱、紧弱（将入池的激进程度与入池的频率相结合）。这种归类法及评判的思路正是那个年代归纳推理的集大成者。

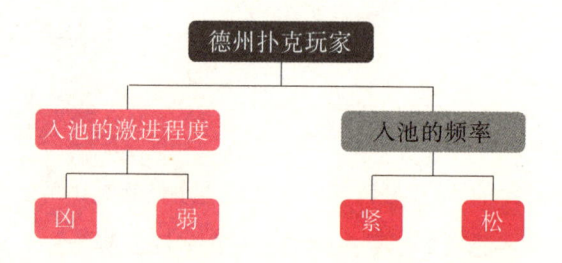

```
           德州扑克玩家
          ┌──────┴──────┐
      入池的激进程度      入池的频率
       ┌────┴───┐       ┌────┴───┐
       凶      弱        紧       松
```

判断决策的好坏，难度来源于对手，我基于对手有一个阅读，而对手却又不一定符合我的看法。也就是说在以人为标准的年代，什么是好的决策众说纷纭！

四、纳什均衡与博弈论最优策略

众所周知，Tom Dwan、Ivey 这些人都是德州扑克职业牌手中的佼佼者，但是为什么他们战胜不了 20 岁出头的 Linus 呢？

著名数学家纳什曾经说过："在零和博弈的游戏中，不管什么时候我们使用 GTO（Game Theory Optimal，博弈论最优）策略，如果对手不使用 GTO 策略，EV（期望值）总是大于零。"

这便是大名鼎鼎的纳什均衡理论。

约翰·福布斯·纳什

用简单的话来说,就是当我们默认长期性、默认双方策略完美、双方互相知道彼此的策略的时候,有一种策略是完美的。当你使用这种策略时不管你的对手怎么改变策略,长期而言他必将输钱,我们管这种"完美"策略叫GTO(博弈论最优)策略。

注意!这里我们并没有称之为"绝对"最优策略,而是"博弈论最优"策略,因为我们假设的前提条件都并非真实。

博弈论最优策略的四大前提假设

01 零和博弈
zero-sum game

02 长期性假设
long-term hypothesis

03 对手最优策略假设
opponent optimal strategy assumptions

04 双方互相知道彼此的策略
both sides know each other's strategies

但是，当我们定义了这些前提条件以后，我们对策略的好坏有了判断的标准，这是极其重要的。就像在纷扰复杂的德州扑克世界中，一束智慧的光芒照亮了一代代研究此游戏的人，也让那些以"经验丰富"著称的高手痛不欲生。纵横牌坛 10 多年的这些高手们，带着丰富的经验，明明自己认为对牌局已经有了透彻入骨的理解，却突然发现面对那些年轻的对手，他们竟然如此无能为力。

你的经验越多、你的理解越深刻，随之而来的就是你被剥削得越惨烈——这就是 GTO 策略的根本。的确，GTO 策略并不一定就是最好的策略，因为其前提假设自始至终都并非正确。但是重要的是：从这一刻开始，"什么是好的决策"这一亘古难题有了一个判断标准。大家千万不要小看这个判断标准，任何一个行业甚至文化，在理论架构阶段最难的就是设立判断的标准。而 GTO 策略正是照亮这黑暗崎岖的游戏道路的微弱光芒。

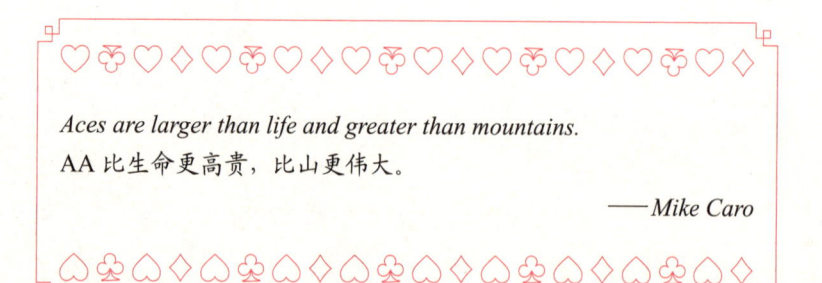

Aces are larger than life and greater than mountains.
AA 比生命更高贵，比山更伟大。

——Mike Caro

五、GTO策略的四个前提假设

1. 零和博弈

"零和博弈"属非合作博弈。指参与博弈的各方,在严格竞争下,一方的收益必然意味着另一方的损失,博弈各方的收益和损失相加总和为零。双方不存在合作的可能。

"零和博弈"是纳什均衡的基本要素,如果游戏并非零和博弈,那么GTO策略就不存在或者并不一定准确。而现实中的游戏是零和博弈吗?显然不是,大部分情况下我们的游戏都是负和博弈,不管是在常规桌游戏还是在比赛中。

常规桌游戏的负和性来源于服务费,因为不管我们在何时何地都几乎不可能完全躲过各种形式的服务费,它让游戏双方之间的输赢关系并非绝对的零和博弈。

比赛中负和博弈更加明显,除去服务费不谈,我们与对手之间的激进交战还会导致其他玩家在不做任何决策的情况下获利。举个最简单的例子,如果比赛还剩9人,你与另7名玩家打到全压,那么剩下的那个人什么都不需要做就能稳稳地拿下前两名。

多人底池的博弈更加复杂,由于游戏不是双方直接定输赢,第三名玩家的出现让整个信息不完全游戏蒙上了更厚的面纱,在这种三家咬合的博弈关系中如何寻找最优策略,即使是现代的绝顶高手也头疼不已。

> *Opportunity may knock, but it seldom nags.*
> 机会会到你家，但不会常来。
>
> —— David Mamet

2. 长期性假设

根据之前的推断，我们已经知道了为什么需要把 GTO 策略建立在长期性的基石之上，可还有一个问题我们没有解决，那就是现实游戏中并不存在真正的长期性。即使一个职业牌手把他一生所有的时间都花在游戏上，他也不可能实现所谓真正的长期性。

2016 年，我的一个学生在打进全国比赛的前三名时，问了这样一个问题：老师，也许接下来我在场上的每一个动作的重要性都将远远超过这之前与之后的，我也不可能跟这两个对手有另外的博弈了，每一手牌对我来说都至关重要，这个时候有什么更好的策略吗？

事实上，我的这位学生面临的情景很具有典型性。在这种情况下确实已经不具备长期性假设，此时用博弈论最优策略进行游戏的好坏确实难以估量。往更大了讲，我们每一个决定、每一场游戏的重要程度都是不一样的，能不能根据其重要性的不同设计更好的策略呢？理论上肯定是有可能的。有些选手愿意在这种情况下将波动的概念加入决策因素中。

在 Icmizer 软件中，也有相对应的选项来调节、平衡决策。在不太损失期望值而又重要的决策中，大家会更愿意选择降低波动的、更谨慎的打法来平衡长期性假设不足带来的巨大不确定性。

然而，这种考量也有似是而非的嫌疑。当大家都因为惧怕波动选择谨慎策略时，也就给了采取激进打法选手更高的期望值，这种打法的相生相克特别体现在世界大赛冠军选手中。经常关注比赛的玩家甚至不需要严谨的统计就很容易通过观察得出结论，几乎90%以上的大赛冠军都偏向于激进风格，保守的牌手会因为惧怕波动而丧失期望值。正是扑克比赛的大量不确定性，给这种游戏赋予了更大的难度与魅力，当然也更显示出在这样的不确定性下，GTO策略能够在某些条件下保持极其稳定的效果与清晰的标准的难能可贵。

因此，至今为止大部分顶尖高手的理解是：即使长期性假设不存在，在任何时刻保持GTO策略仍然是更好的选择。或者说至今为止还没有更好的推翻此基石假设的思路被大众所熟知。

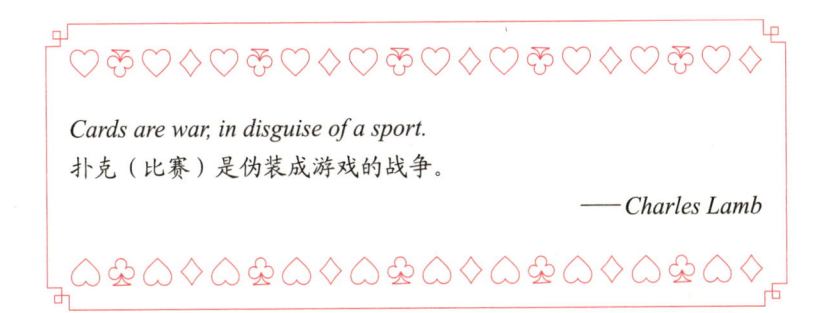

Cards are war, in disguise of a sport.
扑克（比赛）是伪装成游戏的战争。

—— *Charles Lamb*

3. 对手最优策略假设

GTO 策略最为大众所诟病的一点便是所有策略都建立在对手策略完美的基础上，而对手并不可能完美。那么，即使产生了清晰的判断标准，又有什么意义呢？

这种质疑显然是极其有道理的。然而正是这种质疑让构建一个成熟理论体系的可能性荡然无存。因为我们无法在宏观上对对手的不完美性做出很好的假设和模拟。你也许能模拟出对手在某种情境下会犯的错误和游戏策略的偏离，基于此构建在这种情景下的最优策略，但你终究不可能模拟计算出对手在所有情境下的偏离倾向，所以这也让这种质疑变得没有意义。

换句话说，GTO 策略确实不是最好的策略，可它是唯一能模拟出来的至少不差的策略。如果我们在这种策略的基础上，根据对手的非完美性，建立起在某种情景下的最优策略，那岂不是更加完美？反过来想，如果我们不基于 GTO 策略就去模拟所谓的最优策略，岂不是空中楼阁？

《孙子兵法》中有一句名言正是博弈论最优策略的体现："知己知彼，百战不殆！"这里有几个关键点：第一是知，知己是容易的，知彼在信息不完全博弈里是不容易的；第二是不殆，也就是不败。孙子认为战争的最高境界是不败而不是大胜！

GTO 策略绝不是最好的策略，但它一定是不差的策略，所以称它为博弈论最优策略。

成功地使用它，我们至少能做到不败，能否更进一步取得大胜那就不在于我们，而在于对手是否犯错。如果对手不犯错，我们至

> 孙子曰：
> 昔之善战者，先为不可胜，以待敌之可胜。
> 不可胜在己，可胜在敌。
> 故善战者，能为不可胜，不能使敌之可胜。
> 故曰：胜可知，而不可为。

少可以做到不败；如果对手犯错，我们就能剥削对手；如果还能做到知彼，加以策略调整，我们就能大胜。

2000多年前的孙子不可能知道纳什均衡理论，却能精确总结出博弈论最优策略的要点，真乃千古奇人！

4. 双方互相知道彼此的策略

这一点并不为大众所熟知，但在我看来，这一点才是GTO策略并不是真正最优策略的本质原因，因为对手的策略我们不可能猜测出来。

我们知道，想要算出博弈关系中的最优策略需要庞大的计算量，可是在计算过程中如果不假设双方互相已知对方的策略，就会出现许许多多缺陷，就会导致某一方策略的不合理性。因此对于研究博弈论最优策略而言，这个假设是必需的，至于到底会产生哪些缺陷，这属于极其专业的艰深问题，虽无法在本书中罗列太多，但我会在之后的章节中部分举例论述。单就逻辑而言，实战中我们遇到的对手并不可能知道我们的策略，而 GTO 策略默认对手完全知道我们的策略，这确确实实是 GTO 策略难以名状的痛苦，这证明电脑计算出来的策略会有本质上的谬误。

六、剥削策略

在上一节中我们详细讲解了 GTO 策略的前提假设及其与实际游戏的逻辑不符之处，那么既然如此，有没有更好的策略可以取代 GTO 策略呢？答案是肯定的，我们把这种策略称为剥削（Exploitative）策略。

由于博弈论最优策略的前提并不一定为真，那么基于此有三种可能的剥削方式。

（1）基于 GTO 策略带来的剥削。

（2）基于对人的阅读带来的剥削。

（3）基于大数据带来的剥削。

事实上，(2) 与 (3) 本质上都是基于人的剥削，被大家所滥用，而 (1) 是真正的广义剥削手段，常常被世人所不知。剥削策略显然是比 GTO 策略更为有效的策略，可是策略有效性的增强也必然会伴随其适用性的减弱。

GTO 策略适用于几乎所有博弈游戏中，而剥削策略往往在没有搜集到确切信息时被滥用，剥削策略与 GTO 策略哪种更加有效是 10 年来玩家们争议不断的话题，伴随着对这个话题争议的展开，我们渐渐进入理论推演的新征程。

第四章

德州扑克理论演进逻辑

一、决策本质的异同与整体理论框架

上一章我们从广义上讨论了构建游戏策略的基石假设，这一章我们来讨论游戏理论体系的演进逻辑。

之前我们谈到了很难判断决策好坏的原因是无法定义判断每个决策的量化指标，进而不知道什么决策是好的，什么决策是坏的。

现在告诉了你什么决策是好的，什么决策是坏的，并且给了你一个锚定叫"博弈论最优策略"。然而，光有判断标准是不够的，我们的大脑不是有无限的计算力的。难题抛给我们了！

例如，对手大盲位防守后，在 K72 的牌面上过牌给我们，计时器催促着我们要决定是否下注或过牌，如果下注究竟要下多大。

又如对手在 AA4 的牌面下注 1 个底池，桌子旁边的小哥又在不断催促着我们迅速行动，是跟注、弃牌，还是再加注？

我们的大脑一片混沌，这种混沌的本质原因也许你并不知道。

德州扑克这个游戏看起来简单，实际上某个决策跟另一个决策是完全没有关系的。

如果我们把德州扑克当作一个学科，那么在学习之前我们需要先对它进行分类，认清树干是什么，枝叶又是什么，哪类决策本质相同，哪类决策本质不同，再根据每一类问题构建合适的思考方式。

举个例子。

翻牌后进攻和防守这两种决策的本质是什么呢？这里我们先定义一下翻牌后的进攻和防守这两种决策：

进攻　在下注和过牌之间做选择

防守　在弃牌和跟注之间做选择

我们先来看进攻。到你了，你现在要么下注要么过牌，请问你会如何决策呢？从长期来看，如果你过牌，相当于放弃了一个往底池中投入筹码的机会（投资机会），因此下注追求的是投资回报率。

如果下注的投资回报率大于零，那么就应该做这个投资；如果下注的投资回报率小于零，那么就应该过牌。所以下注本质上是一个投资游戏，看的是投入、回报、风险。而当对手下注，你不得不在跟注和弃牌之间做选择的时候，你的决策还是基于投资回报率吗？在下注和过牌之间做选择，你不投这个资，在翻牌时不下注你还能在转牌时下注，在转牌时不下注你还能在河牌时下注，在河牌时不下注你仍然能够通过摊牌获得自己的权益，所以你只需要考虑投资回报率就行了。因此即使你不投这个资，你也没有完全放弃自己的机会。

然而，防守大大不同。一旦你不跟注，你就放弃了你对当前底池的所有权益，因此防守追求的可不是投资回报率，而是赔率与胜率。大量的玩家连这个都没有搞明白，所以在打牌的时候，大脑会一片混沌，根本就不知道决策的本质是什么。

如果把德州扑克当作一个严谨的学科，那么它的树干是什么呢？主树干就是翻牌前和翻牌后。翻牌前和翻牌后是两码事，如果你用同一种方式思考，那么你的决策不可能是正确的，因为它们的本质不同。所以主树干就是翻牌前和翻牌后，而翻牌后的策略又分为进攻和防守。

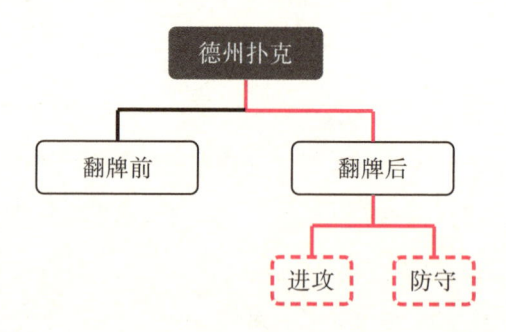

```
        德州扑克
        /     \
     翻牌前   翻牌后
              /    \
           进攻    防守
```

当然翻牌前的策略也有很多，例如，没有被加注过的底池和盲注战是完全不一样的逻辑。而在翻牌后的进攻和防守里，我们要想判断什么时候下注是有利的，什么时候过牌是有利的，就不得不讨论下注的本质。在下文对防守的介绍中，我们将着重介绍胜率、赔率的计算方法与最小防守频率的思维模式。

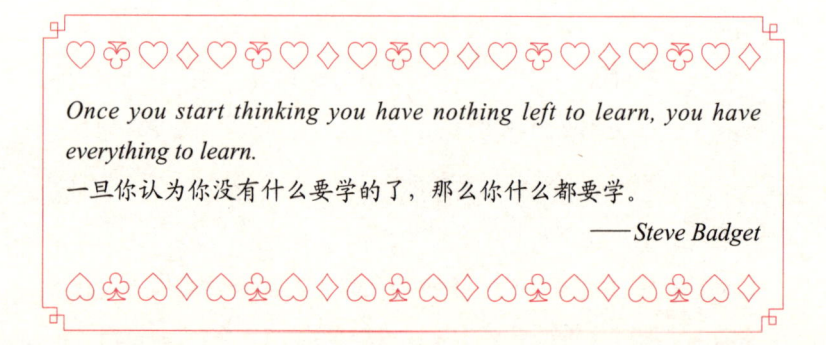

Once you start thinking you have nothing left to learn, you have everything to learn.
一旦你认为你没有什么要学的了，那么你什么都要学。
——Steve Badget

二、翻牌前——策略演变

1. 翻牌前的理论框架——博弈关系

在我玩德州扑克的这10年里到底有什么理论发生了变化？我来讲讲游戏理论的框架——这是我觉得90%的人需要补的一课。各位在打牌的过程中，不可避免地会出现这样一种情况：在某个时刻突然大脑一片空白，不知道应该思考什么，也不知道应该如何去思考。这种情况被统称为没有"结构性思维"。

简单来说就是：我们的思考要基于什么？每当拿到一手牌时应该优先想什么？这些是我们首先需要解决的问题。

具体怎么去解决这些问题呢？这就要求我们了解游戏理论的框架，这是非常重要的。

如果让我只给我的学生讲一个知识点，那应该就是游戏理论的框架。我们需要有系统的结构性思维。比如说你要下象棋，你就会有对布局、中盘、残局的考虑，显然在布局中和在残局中需要的思维方式是完全不一样的。什么状况对应什么样的思维方式，直接决定了你的水平。

在德州扑克里，大家经常会产生误解，混淆不同的情况，得出的结论看似有点道理，实际上却非常不严谨，甚至漏洞百出。

我们经常听到有人说：面对激进的人，首先要紧，其次要更激进。他说得有错吗？好像有那么一点道理，不完全错；但是他说得对吗？好像又没有这么简单，如果真的这么简单，那么大家就不用学习了。问题到底出在哪里呢？

他缺乏一个框架性的表述。什么叫"激进"？他得把"激进"加在一个条件下，这个条件有可能在某一种博弈关系下，有可能在某一种情境下，此时再去表述才有意义。

所以我们要想理解这个游戏的理论，就要先了解这个游戏的框架是什么，它把博弈关系分成几类。

总的来讲，游戏的框架分为翻牌前和翻牌后。

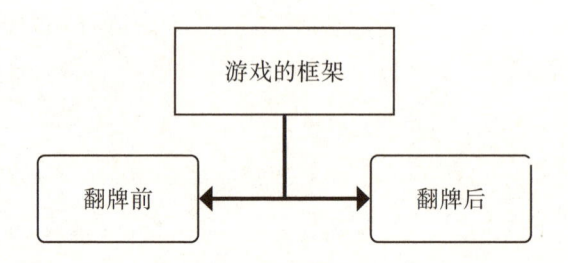

```
        游戏的框架
        ↙      ↘
    翻牌前  ←→  翻牌后
```

翻牌前的博弈关系又可以再被分为三大类。在展开阐述之前请注意，我们解决每一类问题的时候所需要的思考的限定条件都是不一样的，每一类问题有每一类问题的重点和我们需要的思维方式。我们把所有分类问题及其所需要的思维方式进行汇总，就有了理论。所以大家需要记住，理论一定是有限定条件的。

好了，回到正题，在翻牌前，大致有以下三类策略。

| 翻牌前 | 01 非盲位策略 | 02 盲位策略 | 03 盲注战策略 |

以第一类非盲位策略为例，我们在非盲位的时候如何进行决策？

继续细分，在非盲位的时候我们又可以把情况分为以下四种。

> **在非盲位时的情况**
> 1. 没有被加注过的底池
> 2. 被加注过的底池
> 3. 被 3Bet 过的底池
> 4. 被 4Bet 过的底池

率先加注（Raise First In, RFI），或我们常说的 Open Raise，就是底池没有被加注过，所有人都弃牌，到你了，你应该怎么玩？

当你想知道这手牌该怎么玩时，先要看什么呢？先得看自己处在哪种博弈关系中，然后参考这类博弈关系中的标准策略来做决策。想一想你在之前打德州扑克的过程中，是这样思考问题的吗？有没有把一种局面混淆到不同的博弈关系中进行思考？

上述思考是大部分新手极其匮乏的，却是十分重要的。注意，我为什么没有按照位置去区分？位置的确会影响我们的策略，但是并不能决定我们在此博弈关系中的逻辑或者思维方式。换句话说，这时影响策略的基本逻辑跟位置是没有关系的。

举个例子，所有人都弃牌，不管你是在 BTN 位、CO 位还是在 UTG 位，你的思维方式本质上应该都是一样的，你都是在干一件事，就是别人弃牌了，你到底要不要开池？至于位置，它只会影响你开池的范围，并不会影响你思考的基本逻辑。但是如果你在小盲位呢？那就会影响你思考的基本逻辑，因为你被迫投入半个 BB，导致你不能简单地只考虑入不入池的问题，还需要考虑怎么入池，是 Limp 还是 Open。也就是说，如果你在 BTN 位和在 CO 位，所有人弃牌到你，你的思维方式都是一样的，位置只是影响了开池的范围。而一旦弃牌到了小盲位，你的思考逻辑变成什么了？变成了盲注战思考逻辑，盲注战和没有被加注过底池所使用的是完全不一样的思考逻辑，这是非常重要的。

所以我们要想知道理论到底是干吗的，我们就要搞明白这个理论是用来解释哪种博弈关系的，这是非常重要的。

我记得在 2017 年、2018 年的时候，很多基金经理找我来学习。那个时候德州扑克在金融圈比较盛行，其实一直到现在很多金融大佬仍然很爱玩德州扑克这个游戏。那些基金经理找我去讲课，讲完他们说："老师你讲得真的是太好了，我明天就上桌搓他们。"结果到第二天我问："怎么样？学的东西都用上了没？"一些经理反馈说："没用上。"我问："为什么没用上？"回答清一色的都是："一到现场就蒙了。"为什么他们都蒙了？因为我讲了很多，听起来都很有道理，但是真的进入实战就蒙了，不知道所学的该怎么用。

所以你想要系统学习德州扑克，先要了解游戏的框架，并且在做决策的时候，要想清楚你在做一个什么样的决策，需要调动哪种逻辑和思维方式，而不是直接沉溺于细节的分析。

要在宏观上搞清楚，哪些逻辑本质上就是不一样的。比如说，没有被加注过的底池在非盲位和没有被加注过的底池在小盲位，其逻辑本质上就是不一样的。

在盲位时，我们的策略主要就是盲注战和盲位对前位。在盲位防守的时候，要注意，BB 的防守和 3Bet、4Bet、5Bet 使用的是完全不同的思维方式，盲注战也使用完全不同的思维方式。也就是说，别人在庄位加注你在 BB 防守，跟别人在小盲位加注你在 BB 防守，是两件事。你只有搞明白这一点，我后面讲的所有的理论才有意义。也就是说，你一定要知道理论的适用条件，理论并不是凭空造出来的，它也不是拥有无限解释力的。

这听起来好像很绕啊，但这是非常核心的东西。

2. 翻牌前如何构建范围，是线性范围还是极化范围

当我们构建范围的时候，通常有两种描述方式：一种是线性范围，另一种是极化范围。

什么是线性范围？

线性范围就是牌越大越好。我们把手牌的范围用一条竖线来表示，再画一条横线把它隔开，上面是大牌，下面是小牌，我们就把只玩上面的牌描述为线性范围，因为它是一条线，中间没有断点。

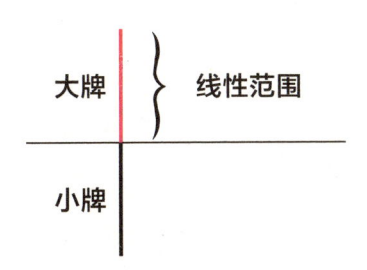

什么叫极化范围？

我们把手牌的范围还是用一条竖线来表示，上面的线和下面的线各取一部分来加注（中间的线用来跟注），上下各取的部分就叫极化范围。

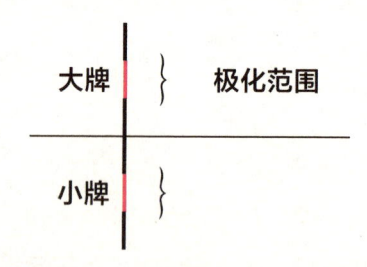

```
大牌   }  极化范围
─────┼─────
小牌   }
```

现在我们探讨在翻牌前，非盲位、率先加注（RFI 或 Open）应该用什么范围，应该制定什么策略。也就是说哪些牌要加注，哪些牌要弃牌。

比如说，现在给你一组牌：K2 同色，要加注吗？注意：问了你什么？它的核心逻辑是什么？不要着急给出结论，你要一步一步地去判断。

你先解决第一个问题：要不要看人，需不需要考虑人的因素？

你不要着急。你也许会说：到底加不加注，你告诉我，我记住了不就完了吗？如果这样，你的水平永远提高不了。为什么呢？因为德州扑克太复杂了，我认为它比围棋还要复杂，有太多种情况了。

就算我告诉你庄位怎么办，那么 Cut Off 位呢？枪口位呢？别人加注呢？你加注别人 3Bet 呢？另外，每个位置的情况还都不同。

10 年前国外有一个人用软件把所有的情况全跑出来,做成表格。你知道那样的表格有多少张吗? 15 000 张! 而且全是常见情况,没有非常见情况。

我如果直接告诉你 K2s 怎么玩,你是学不好德州扑克的。你必须先去理解理论,然后再去推导,举一反三,而不是着急知道结论。给结论很容易啊,我告诉你 1+1=2,你光记住不行,德州扑克没有那么简单,你必须知道 1+1=2 的核心道理,才能在非标准情况下做出推断。

对于德州扑克这个游戏,为什么许多人没有真正入门? 就是因为给结论太容易了,记住结论只会沉溺在低水平的思维模式中,不断地重复,很难有大的进步。所以,对于决策背后的逻辑,你一定要搞明白。

刚才说翻牌前的情况就有 1 万多张表格,你知道翻牌后会怎样吗? 翻牌后光基本博弈关系的表格就有 5 000 张,你能都背下来吗? 而且 10 年前的表格跟今天的还不一样。这就是我为什么强调一定要从逻辑去推演,所有的表格都是推导出来的,而不是记住的,归纳法终极无效,这是德州扑克的核心。

如果你没有基本逻辑,你就算把那些表格记得七七八八,你去上桌比赛,很可能都搞不明白自己为什么赢、为什么输。

许多德州扑克爱好者对于这个游戏的理解实在是令人不敢恭维。他们常在这个游戏中追求互拼的胜率、河杀对手的快感。实际上它真正的魅力在于博弈和思辨。如果你能悟出这个道理,推导出一些东西,你的水平将会突飞猛进,这可比你看 1 万多张表格要强得多。

假设你是德州扑克之神（顶尖的平衡型高手），现在你要解决这个问题：所有人弃牌到你，你在庄位，你和后面的人都有100个BB，你拿到了一手K2同色，你要不要加注？假设你回到10年前，没有任何软件，没有任何工具，你应该怎么解决这个问题？

注意，我要教你的是软件为什么会产生这个表格，这才是核心。跟着我的思路一点一点地排除错误答案。现在请思考，要不要考虑对方的形象？

你如果考虑对方的形象，你能拿到对方准确形象的清单吗？如果你说考虑了，他就是紧的，那好，我问你：什么叫紧的？他紧到什么程度？紧的程度到底怎么评判呢？

"对手紧"是一种主观判断，而我们怎么判断在这种情况下制定出来的策略是正确的呢？假设你需要做出决策，你还得使用GTO策略——先确定他紧到什么程度。第一步要假设他也是神（顶尖的平衡型高手），然后再看他紧到什么程度。能理解吗？这很重要，这是有逻辑的思辨。

所以即使你要考虑对方形象，你也应该考虑在"我和他都是神"的情况下，你应该怎么玩。所以你暂时不要考虑他的形象，就算要考虑，也应该放在后面。

这是一种真正的底层思维。请你回想一下你打牌的时候都是怎么想的：我怎么打？我K2s玩不玩呢？是不是我得先想想他玩得紧不紧？这些想法对吗？思考的顺序肯定是不对的，这不是个策略好不好的问题，而是第一步就错了。最可怕的是，很多德州扑克爱好者都会有这个问题。

为什么顶级玩家能同时在十几甚至几十张桌子上玩都思维不乱？是因为他对理论框架、思维模式和底层逻辑很清楚。

什么是好的理论呀？好的理论是确定博弈关系：这个博弈关系的核心问题是什么？需要的思维模式是什么？用这个思维模式需要采取的步骤是什么？通过逻辑推演，至少能知道"对手紧不紧、对手的形象是怎么样的"肯定不应该排在思考的第一步。

回到刚才的问题，你现在是德州扑克之神，你要解决"所有人弃牌到你，你在庄位，你拿到什么牌玩、拿到什么牌不玩"的问题，你首先不能考虑对手的形象，你要把对手假设成神（即使你要考虑对手的形象，也应该放到后面考虑）。

好，现在假设对手是神，你拿到K2s是加注还是不加注呢？假设你没有任何软件，没有任何辅助工具。如果不加注就得弃牌，如果弃牌，你是输还是赢啊？没输也没赢，EV为零。

我在前面讲过，所有人弃牌到庄位和所有人弃牌到小盲位的逻辑是不一样的。

有人问："为什么不一样呢，不都是弃牌到我吗？"当你在小盲位的时候，在决策前你就被强制投资0.5BB到底池，你直接弃牌，$EV<0$；而当你在庄位时，在决策前你是不需要投资的，如果弃牌，$EV=0$。因此在非盲位判断加不加注的核心是你加注的收益是否大于零。如果大于零，就加注。那么，加注的牌是越大越好，还是极化好呢？

在确定进攻策略的时候，有两种方法。一种方法叫线性范围，也就是说牌越大就越要加注。如果你要加注 K2，就得加注 K3，要不你就别加注 K2。还有一种方法叫极化范围，一部分牌的下注是为了价值，而另一部分牌的下注是为了诈唬，以便让对方搞不清楚你有什么牌。价值牌与诈唬牌距离越远，范围的极化程度就越高。

所以在 RFI 这种博弈关系中，该用线性范围还是用极化范围？应该全都用大牌玩，还是应该用一部分大牌加一部分小牌玩？

简单想一下，一边是零，另一边是正 EV，能用极化范围吗？有没有一种可能 K3 是正 EV，K4 是负 EV？不是说极化吗，就得有这种可能性吧？K3 是正 EV，K4 是负 EV，K3 的 EV 有没有可能比 K4 的高啊？不可能。你现在要做的选择是，你这手牌如果 EV>0 就玩，如果 EV<0 就不能玩。从范围的角度看，牌越大，EV>0 的概率就越高；牌越小，EV<0 的概率就越高。那有没有可能，中间不玩，两边玩？没有！

你要明白在 RFI 这种博弈关系中决策的核心点是什么。是弃牌的 EV=0。你要不要玩，取决于玩的 EV 是多少，大于零就玩，小于零就不玩，这是第一核心要点。

因此，在此类博弈关系中，所有人弃牌到你，你在庄位、在 Cut Off 位、在枪口位……你玩的范围不一样，但是你玩的范围都是越大越好。也就是说 RFI 都是线性范围，而不是极化范围。

3. 构建反加注范围的逻辑推演

对比上文讲的 RFI 都是线性范围的逻辑推演，思考一下为什么所有人弃牌到你，跟别人加注到你是不一样的？如果别人加注到你，假设你要反加注，你应该用极化范围还是用线性范围？答案是极化范围。

你在庄位率先加注（RFI）时为什么用线性范围？因为确定了另一种选择——弃牌的EV=0。你无非就是在做两种选择：EV > 0 就玩，EV < 0 就不玩。所以RFI是线性范围。

现在的情况变了：别人加注了，你在后位，你有三种选择——弃牌、反加注和跟注。

弃牌的EV是多少？弃牌的EV=0。还有两种选择，跟注和反加注（3Bet），那么跟注和3Bet这两种选择都需要EV > 0，没错吧？如果EV < 0，你还能跟注吗？那就不如弃牌吧。

仔细想一想，为什么RFI应该是线性范围？因为它是两项性选择。而现在的情况是极化范围，因为它变成三项性选择了。如果我们把3Bet和跟注放在一起，是不是又变成两项性选择了？一个（弃牌）EV是零，另一个（跟注+3Bet）EV是大于或小于零，因此"跟注+3Bet"整体也是线性范围。

现在如果让你背那些表格是不是有点会背了？我随便拿两张表格，如下所示。

德州扑克十年理论波动

	AA	**AKs**	**AQs**	**AJs**	**ATs**	**A9s**	**A8s**	**A7s**	**A6s**	**A5s**	**A4s**	**A3s**	A2s
	AKo	**KK**	**KQs**	**KJs**	**KTs**	**K9s**	K8s	K7s	K6s	K5s	K4s	K3s	K2s
	AQo	**KQo**	**QQ**	**QJs**	**QTs**	**Q9s**	Q8s	Q7s	Q6s	Q5s	Q4s	Q3s	Q2s
	AJo	KJo	QJo	**JJ**	**JTs**	J9s	J8s	J7s	J6s	J5s	J4s	J3s	J2s
	ATo	KTo	QTo	JTo	**TT**	**T9s**	T8s	T7s	T6s	T5s	T4s	T3s	T2s
	A9o	K9o	Q9o	J9o	T9o	**99**	98s	97s	96s	95s	94s	93s	92s
	A8o	K8o	Q8o	J8o	T8o	98o	**88**	87s	86s	85s	84s	83s	82s
	A7o	K7o	Q7o	J7o	T7o	97o	87o	**77**	76s	75s	74s	73s	72s
	A6o	K6o	Q6o	J6o	T6o	96o	86o	76o	**66**	65s	64s	63s	62s
	A5o	K5o	Q5o	J5o	T5o	95o	85o	75o	65o	55	54s	53s	52s
	A4o	K4o	Q4o	J4o	T4o	94o	84o	74o	64o	54o	44	43s	42s
	A3o	K3o	Q3o	J3o	T3o	93o	83o	73o	63o	53o	43o	33	32s
	A2o	K2o	Q2o	J2o	T2o	92o	82o	72o	62o	52o	42o	32o	22

Action		Hands		
Raise		13.7%	182/182	100.0%
Fold		86.3%	1144/1326	

100BB UTG RFI（Open）的线性范围

AA	AKs	AQs	AJs	ATs	A9s	A8s	A7s	A6s	A5s	A4s	A3s	A2s
AKo	KK	KQs	KJs	KTs	K9s	K8s	K7s	K6s	K5s	K4s	K3s	K2s
AQo	KQo	QQ	QJs	QTs	Q9s	Q8s	Q7s	Q6s	Q5s	Q4s	Q3s	Q2s
AJo	KJo	QJo	JJ	JTs	J9s	J8s	J7s	J6s	J5s	J4s	J3s	J2s
ATo	KTo	QTo	JTo	TT	T9s	T8s	T7s	T6s	T5s	T4s	T3s	T2s
A9o	K9o	Q9o	J9o	T9o	99	98s	97s	96s	95s	94s	93s	92s
A8o	K8o	Q8o	J8o	T8o	98o	88	87s	86s	85s	84s	83s	82s
A7o	K7o	Q7o	J7o	T7o	97o	87o	77	76s	75s	74s	73s	72s
A6o	K6o	Q6o	J6o	T6o	96o	86o	76o	66	65s	64s	63s	62s
A5o	K5o	Q5o	J5o	T5o	95o	85o	75o	65o	55	54s	53s	52s
A4o	K4o	Q4o	J4o	T4o	94o	84o	74o	64o	54o	44	43s	42s
A3o	K3o	Q3o	J3o	T3o	93o	83o	73o	63o	53o	43o	33	32s
A2o	K2o	Q2o	J2o	T2o	92o	82o	72o	62o	52o	42o	32o	22

Action	Hands		
3Bet	5.3%	70/286	24.5%
Call	16.3%	216/286	75.5%
Fold	78.4%	1040/1326	

100BB BTN vs UTG RFI，3Bet 是极化的

第一张图是 RFI，所以你只需要记住弃牌与加注范围的边界。而第二张图是三项性选择，除了选择边界，你还要设计一个极化范围来确定是否 3Bet。暂且不说背它有用没用，如果你要背，至少不用一个格一个格死记硬背，而能用逻辑把它串联起来了，这就是逻辑的推演，这种方法也可以迁移到类似的博弈关系中。

玩德州扑克，如果什么都查软件，什么都靠 AI，你永远成不了一个好的牌手。因为德州扑克情况众多，多少位置、多少博弈关系、多少牌面啊，你都能背下来？

你要做的是什么？学逻辑推演。

如果你决定跟注或反加注，那么用什么牌跟注或反加注呢？这个时候，如果你都用大牌去加注回去，看起来没什么问题，但是请别忘了，还有跟注的呢，你明白自己跟注的范围变成什么了吗？我们把它叫作有上限的范围，也就是中间范围。

你想想这种策略：别人加注了以后，你大牌全加注，小牌全弃，中间的全跟，这种策略傻不傻呀，不够平衡了吧？你肯定会问："为什么别人都弃牌到我，我 RFI 时都用大牌加注就不傻了呢？"因为你那时只有两个选择。

上面说了那么多，我希望通过启迪你，引导你掌握逻辑推演方法。我相信你今天看了我的书，就彻底明白了 RFI 和 3Bet 的本质区别，希望你这辈子都忘不了 RFI 是线性范围！！

4. 牛人设计→机器学习→设计硬解

现在让我们以"翻牌前——非盲位、RFI 策略"为例探究什么牌该玩，什么牌不应该玩，分界线是什么。

10年前，我们起码知道我们得用大牌玩。现在核心问题来了，玩不玩的分界线是什么？

假定你加注K4以上，那么K3、K2就应该弃牌；假定分界线变为加注A4以上，那么A3、A2就应该弃牌。你只要有分界线就行了，因为你知道大牌加、小牌弃。那么怎么搞明白这个分界线呢？

如果你没有任何软件，没有任何辅助工具，你怎么搞明白？就只能依靠经验了吧。我为什么A5玩A4不玩呢？是因为我玩了三年，我觉得A5玩赢的时候多，A4玩输的时候多。

你说我就硬要知道K4行不行，没招了吧？倒也不是没招了，于是PokerSnowie应运而生了。

让我们来看一看10年来翻牌前RFI策略的发展轨迹。

1. 牛人设计 ➤ **2. 机器学习** ➤ **3. 设计硬解**

牛人设计意思是谁经验多谁就牛。Tom Dwan给你发的表牛，还是你自己做的表牛啊？10年前的牌手以拥有绝顶高手使用的范围表格为荣，因为绝顶高手经验丰富，有好的结果作为背书，这叫牛人设计。当然牛人设计也是有逻辑的，不是瞎设计的，一定是大牌好、小牌差。

我们以这个为例，怎样让软件帮助我们呢？首先想到的就是让软件增加经验。

为什么Tom Dwan比你强，因为Tom Dwan玩了很多年，你只玩了几小时。换个角度想，软件能玩 10 亿次，Tom Dwan 可玩不了 10 亿次，那么软件是不是就有可能比 Tom Dwan 更精准呢？我们增加软件玩的次数，让它通过分析帮我们找到分界线，10 亿手牌，它能找到的分界线是不是至少比我们找的要精准呢？因此 PokerSnowie 就应运而生了。它依靠的就是大量的实验，而且是漫无目的、漫无参数的实验。

假设我玩 10 亿次，但这 10 亿次都是瞎玩的，最终算出来的准吗？不太准。假设我就统计 K4 这手牌，玩 10 亿次，不管是赢的还是输的，总之翻牌后全是瞎玩的，准吗？不太准。那么牛人设计是瞎玩的吗？其实也是瞎玩的。

因此 PokerSnowie 这个软件提供的解决方案是基于翻牌后的瞎玩，牛人设计也是基于翻牌后瞎玩的，二者没有什么区别，但软件瞎玩的次数比牛人瞎玩的要多得多，于是它统计出来的结果总归比牛人设计要准点。这是软件的核心底层逻辑。当然我这里说的瞎玩并不是真的瞎玩，只是指玩法不严谨。

10 年前的技术就发展到这种程度，因为受运算能力所限 PokerSnowie 不能设置精细化条件，所以当年 PokerSnowie 没法很好地解决分界线的问题。随着时代的发展，软件的算力越来越强，直到最近，这个问题才被解决。

不知道你有没有用过 PokerSnowie，它会直接给你一个解。比如说，你要算翻牌前、在庄位，应该怎么玩，你问这个软件，它就会给出下图。

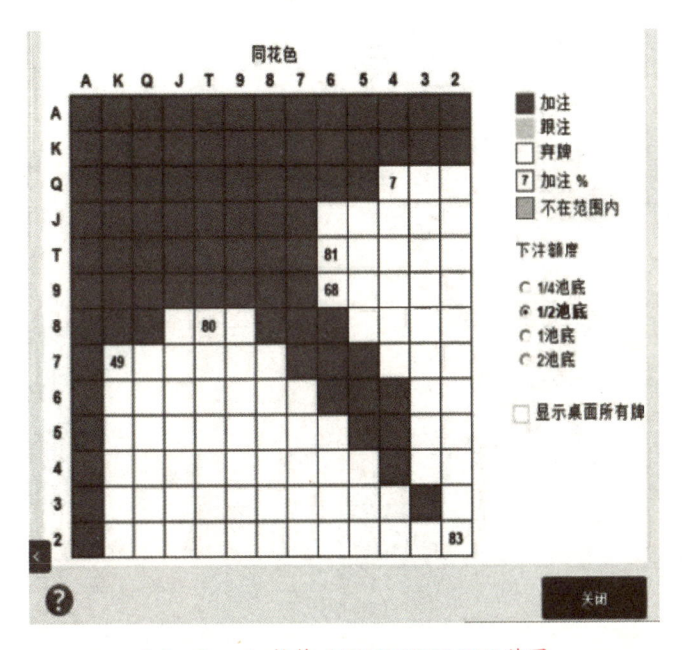

PokerSnowie 软件 100BB BTN RFI 范围

来看看它的逻辑。每个格都是越大越好，它算了一堆，但是没有设置条件，因为它的算力不够，跑不过来。

而现代软件是可以设置条件的，把类分得越细，把精度设置得越高，它算出来的就越准。那么，现代软件算出来的表格，是不是就已经非常接近对手是神的假设情况了呢？我们来看一下现代软件算出的 RFI 范围。

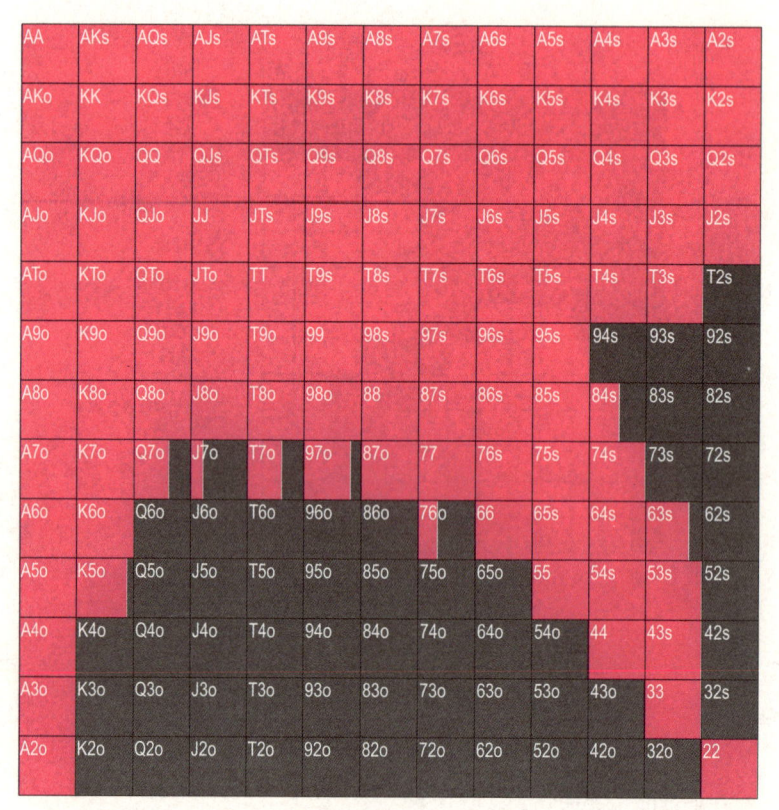

AA	AKs	AQs	AJs	ATs	A9s	A8s	A7s	A6s	A5s	A4s	A3s	A2s
AKo	KK	KQs	KJs	KTs	K9s	K8s	K7s	K6s	K5s	K4s	K3s	K2s
AQo	KQo	QQ	QJs	QTs	Q9s	Q8s	Q7s	Q6s	Q5s	Q4s	Q3s	Q2s
AJo	KJo	QJo	JJ	JTs	J9s	J8s	J7s	J6s	J5s	J4s	J3s	J2s
ATo	KTo	QTo	JTo	TT	T9s	T8s	T7s	T6s	T5s	T4s	T3s	T2s
A9o	K9o	Q9o	J9o	T9o	99	98s	97s	96s	95s	94s	93s	92s
A8o	K8o	Q8o	J8o	T8o	98o	88	87s	86s	85s	84s	83s	82s
A7o	K7o	Q7o	J7o	T7o	97o	87o	77	76s	75s	74s	73s	72s
A6o	K6o	Q6o	J6o	T6o	96o	86o	76o	66	65s	64s	63s	62s
A5o	K5o	Q5o	J5o	T5o	95o	85o	75o	65o	55	54s	53s	52s
A4o	K4o	Q4o	J4o	T4o	94o	84o	74o	64o	54o	44	43s	42s
A3o	K3o	Q3o	J3o	T3o	93o	83o	73o	63o	53o	43o	33	32s
A2o	K2o	Q2o	J2o	T2o	92o	82o	72o	62o	52o	42o	32o	22

现代软件 SimplePreflop/GTO Wizard 100BB BTN RFI 范围

举一个例子，你不知道在庄位 K2s 应不应该玩，有说玩的，有说不玩的，理由千奇百怪。到了 PokerSnowie 软件流行时代，翻牌后全是瞎玩的，没有任何逻辑，但已经几乎明确算出 K2s 是一定要玩的。而 Simple Preflop 软件给的 A2s+、K2s+、Q4s 玩的频率是 7%（也就是说它认为玩不玩都行，但更倾向于不玩），但是 Q5s 就一定要玩。注意，你一定要知道它是瞎玩的，你才能理解现代软件给出的这张表格，才能知道你应该怎么调整，这很关键。

5. 预测未来——软件算力提高对翻牌前范围的影响

我们看现代软件给出的表格，它是在有限定条件下算出来的，总的来讲比过去的表格松了很多。我现在请你思考为什么松了。

我希望你能自己分析出来这个问题的答案，如果你能分析出来，你就有打牌的天赋。

给你一分钟的时间考虑，先不要急着往下看。

思考时间到！

现在揭晓答案，有两个原因。

第一个原因：加注的量变小了。

为什么加注的量变小了呢？因为现在能设置更多条件了。PokerSnowie 给出的表格右侧的下注额度，只有 4 个选项，而现代软件能设置更多的选项，我们可以让软件自己去选下注多少，因为算力提高了。

所以软件在算力提高了以后，算了许多次，发现加注量越小，赢得越多。那么既然确定要用较小的加注量，应该玩得紧还是松呀？你加注大自然就玩得紧，加注小当然就玩得松呀。

第二个原因：位置。

当你位置好的时候，你希望是瞎玩还是不瞎玩啊？假设你全都瞎玩，位置好坏就没什么差别了。位置优势取决于什么？取决于后说话，后说话就意味着你有信息优势。假设你的水平提高了，你一定希望自己位置好。

算力越强，在位置好的时候，更倾向于玩得多还是少？

算力越强，可选择的下注尺度越多，就越希望玩得多。如果位置还好，就更有优势了。

到此，我们就把翻牌前非盲位 RFI 的范围构建逻辑以及软件设置精度和算力的提高对翻牌前范围的确定产生何种影响讲明白了。所谓见微知著，一叶知秋，翻牌前其他博弈关系中的不同情况相信大家也能自己推导出策略了。

6. 新 GTO 翻牌前范围表介绍

随着德州扑克理论和实践的发展，翻牌前的 GTO 策略越来越精细，也越来越专业，所以市面上有了许许多多的翻牌前范围表，相信大家并不陌生。这里给大家简单介绍一下翻牌前范围表。

先介绍一些简单的手牌排列组合知识。

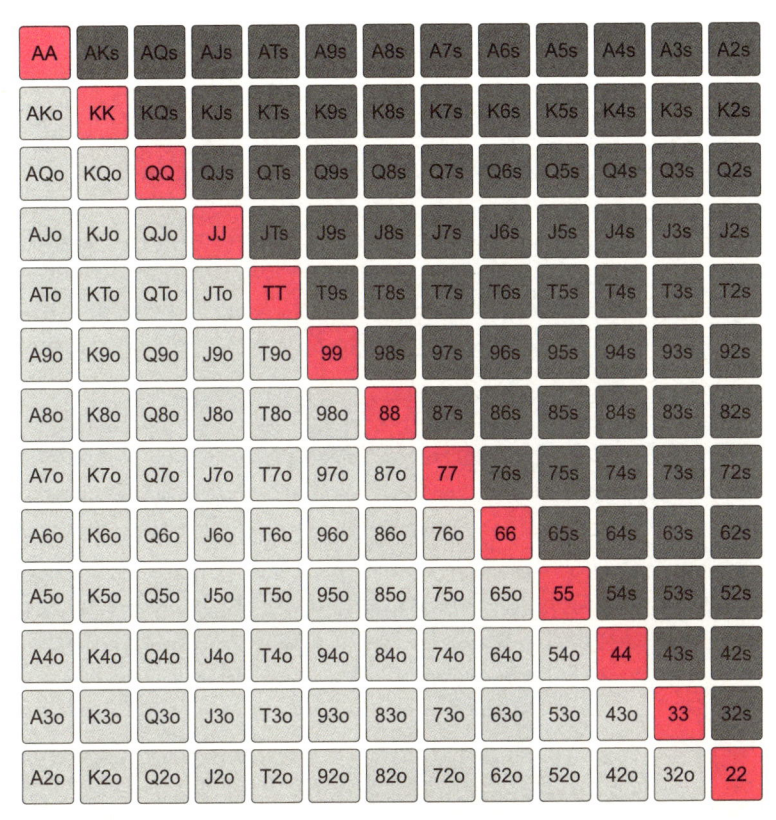

AA	AKs	AQs	AJs	ATs	A9s	A8s	A7s	A6s	A5s	A4s	A3s	A2s
AKo	KK	KQs	KJs	KTs	K9s	K8s	K7s	K6s	K5s	K4s	K3s	K2s
AQo	KQo	QQ	QJs	QTs	Q9s	Q8s	Q7s	Q6s	Q5s	Q4s	Q3s	Q2s
AJo	KJo	QJo	JJ	JTs	J9s	J8s	J7s	J6s	J5s	J4s	J3s	J2s
ATo	KTo	QTo	JTo	TT	T9s	T8s	T7s	T6s	T5s	T4s	T3s	T2s
A9o	K9o	Q9o	J9o	T9o	99	98s	97s	96s	95s	94s	93s	92s
A8o	K8o	Q8o	J8o	T8o	98o	88	87s	86s	85s	84s	83s	82s
A7o	K7o	Q7o	J7o	T7o	97o	87o	77	76s	75s	74s	73s	72s
A6o	K6o	Q6o	J6o	T6o	96o	86o	76o	66	65s	64s	63s	62s
A5o	K5o	Q5o	J5o	T5o	95o	85o	75o	65o	55	54s	53s	52s
A4o	K4o	Q4o	J4o	T4o	94o	84o	74o	64o	54o	44	43s	42s
A3o	K3o	Q3o	J3o	T3o	93o	83o	73o	63o	53o	43o	33	32s
A2o	K2o	Q2o	J2o	T2o	92o	82o	72o	62o	52o	42o	32o	22

手牌组合 13 阶矩阵

13 阶矩阵一共有 13×13=169 种大组合。

中间：13 种对子组合，每种对子有 6 种组合。

右上：78 种同色牌组合，用 s 表示，每种同色牌有 4 种组合。

左下：78 种非同色牌组合，用 o 表示，每种非同色牌有 12 种组合。

手牌组合矩阵共有 1326 种组合。

对子：13×6=78 种组合，占比 5.88%。

同色牌 ABs：78×4=312 种组合，占比 23.53%。

非同色牌 ABo：78×12=936 种组合，占比 70.59%。

非同色牌组合数占比非常大，是同色牌组合数的 3 倍。翻牌前范围表更多地选择同色牌，而不是绝对牌力差不多的非同色牌，一方面是为了控制入池频率，因为非同色牌组合数太多；另一方面则是为了隐含赔率，因为同色牌通常有更好的发展和潜在价值。

手牌组合矩阵是范围的一种图形表达方式，明白这些组合的由来及组合数的占比，对于后续对扑克软件的学习和使用或翻牌前范围表的记忆有很大的帮助。

翻牌前范围表是一个指导我们翻牌前在每个不同位置上如何行动的表格。

To master poker and make it profitable, you must first master patience and discipline, as a lack of either is a sure disaster regardless of all other talents, or lucky streaks.

想玩好扑克，必须有耐心和原则，两个缺一不可，无论其他的才能如何或运气多好。

——*Freddie Gasperian*

接下来我们以 100BB 常规桌 6Max 为例。

附上一些最新的翻牌前常见博弈关系的 GTO 表格。

1）率先加注（RFI），也就是 Open

UTG RFI

AA	AKs	AQs	AJs	ATs	A9s	A8s	A7s	A6s	A5s	A4s	A3s	A2s
AKo	KK	KQs	KJs	KTs	K9s	K8s	K7s	K6s	K5s	K4s	K3s	K2s
AQo	KQo	QQ	QJs	QTs	Q9s	Q8s	Q7s	Q6s	Q5s	Q4s	Q3s	Q2s
AJo	KJo	QJo	JJ	JTs	J9s	J8s	J7s	J6s	J5s	J4s	J3s	J2s
ATo	KTo	QTo	JTo	TT	T9s	T8s	T7s	T6s	T5s	T4s	T3s	T2s
A9o	K9o	Q9o	J9o	T9o	99	98s	97s	96s	95s	94s	93s	92s
A8o	K8o	Q8o	J8o	T8o	98o	88	87s	86s	85s	84s	83s	82s
A7o	K7o	Q7o	J7o	T7o	97o	87o	77	76s	75s	74s	73s	72s
A6o	K6o	Q6o	J6o	T6o	96o	86o	76o	66	65s	64s	63s	62s
A5o	K5o	Q5o	J5o	T5o	95o	85o	75o	65o	55	54s	53s	52s
A4o	K4o	Q4o	J4o	T4o	94o	84o	74o	64o	54o	44	43s	42s
A3o	K3o	Q3o	J3o	T3o	93o	83o	73o	63o	53o	43o	33	32s
A2o	K2o	Q2o	J2o	T2o	92o	82o	72o	62o	52o	42o	32o	22

红色 Open，灰色弃牌，Open 尺度 2.5BB

HJ RFI

AA	AKs	AQs	AJs	ATs	A9s	A8s	A7s	A6s	A5s	A4s	A3s	A2s

(Chart: red = Open, grey = Fold. Open sizing 2.5BB)

红色 Open，灰色弃牌，Open 尺度 2.5BB

第四章 德州扑克理论演进逻辑

CO RFI

AA	AKs	AQs	AJs	ATs	A9s	A8s	A7s	A6s	A5s	A4s	A3s	A2s
AKo	KK	KQs	KJs	KTs	K9s	K8s	K7s	K6s	K5s	K4s	K3s	K2s
AQo	KQo	QQ	QJs	QTs	Q9s	Q8s	Q7s	Q6s	Q5s	Q4s	Q3s	Q2s
AJo	KJo	QJo	JJ	JTs	J9s	J8s	J7s	J6s	J5s	J4s	J3s	J2s
ATo	KTo	QTo	JTo	TT	T9s	T8s	T7s	T6s	T5s	T4s	T3s	T2s
A9o	K9o	Q9o	J9o	T9o	99	98s	97s	96s	95s	94s	93s	92s
A8o	K8o	Q8o	J8o	T8o	98o	88	87s	86s	85s	84s	83s	82s
A7o	K7o	Q7o	J7o	T7o	97o	87o	77	76s	75s	74s	73s	72s
A6o	K6o	Q6o	J6o	T6o	96o	86o	76o	66	65s	64s	63s	62s
A5o	K5o	Q5o	J5o	T5o	95o	85o	75o	65o	55	54s	53s	52s
A4o	K4o	Q4o	J4o	T4o	94o	84o	74o	64o	54o	44	43s	42s
A3o	K3o	Q3o	J3o	T3o	93o	83o	73o	63o	53o	43o	33	32s
A2o	K2o	Q2o	J2o	T2o	92o	82o	72o	62o	52o	42o	32o	22

红色 Open，灰色弃牌，Open 尺度 2.5BB

BTN RFI

	A	K	Q	J	T	9	8	7	6	5	4	3	2
A	AA	AKs	AQs	AJs	ATs	A9s	A8s	A7s	A6s	A5s	A4s	A3s	A2s
K	AKo	KK	KQs	KJs	KTs	K9s	K8s	K7s	K6s	K5s	K4s	K3s	K2s
Q	AQo	KQo	QQ	QJs	QTs	Q9s	Q8s	Q7s	Q6s	Q5s	Q4s	Q3s	Q2s
J	AJo	KJo	QJo	JJ	JTs	J9s	J8s	J7s	J6s	J5s	J4s	J3s	J2s
T	ATo	KTo	QTo	JTo	TT	T9s	T8s	T7s	T6s	~~T5s~~	~~T4s~~	~~T3s~~	~~T2s~~
9	A9o	K9o	Q9o	J9o	T9o	99	98s	97s	96s	95s	~~94s~~	~~93s~~	~~92s~~
8	A8o	K8o	Q8o	J8o	T8o	98o	88	87s	86s	85s	~~84s~~	~~83s~~	~~82s~~
7	A7o	K7o	Q7o	J7o	T7o	97o	~~87o~~	77	76s	75s	~~74s~~	~~73s~~	~~72s~~
6	A6o	K6o	Q6o	~~J6o~~	~~T6o~~	~~96o~~	~~86o~~	~~76o~~	66	65s	~~64s~~	~~63s~~	~~62s~~
5	A5o	K5o	~~Q5o~~	~~J5o~~	~~T5o~~	~~95o~~	~~85o~~	~~75o~~	~~65o~~	55	54s	~~53s~~	~~52s~~
4	A4o	K4o	~~Q4o~~	~~J4o~~	~~T4o~~	~~94o~~	~~84o~~	~~74o~~	~~64o~~	~~54o~~	44	43s	~~42s~~
3	A3o	K3o	~~Q3o~~	~~J3o~~	~~T3o~~	~~93o~~	~~83o~~	~~73o~~	~~63o~~	~~53o~~	~~43o~~	33	~~32s~~
2	A2o	~~K2o~~	~~Q2o~~	~~J2o~~	~~T2o~~	~~92o~~	~~82o~~	~~72o~~	~~62o~~	~~52o~~	~~42o~~	~~32o~~	22

红色 Open，灰色弃牌，Open 尺度 2.5BB

2）对抗 RFI，也就是对抗前面有人 Open

BTN vs UTG Open

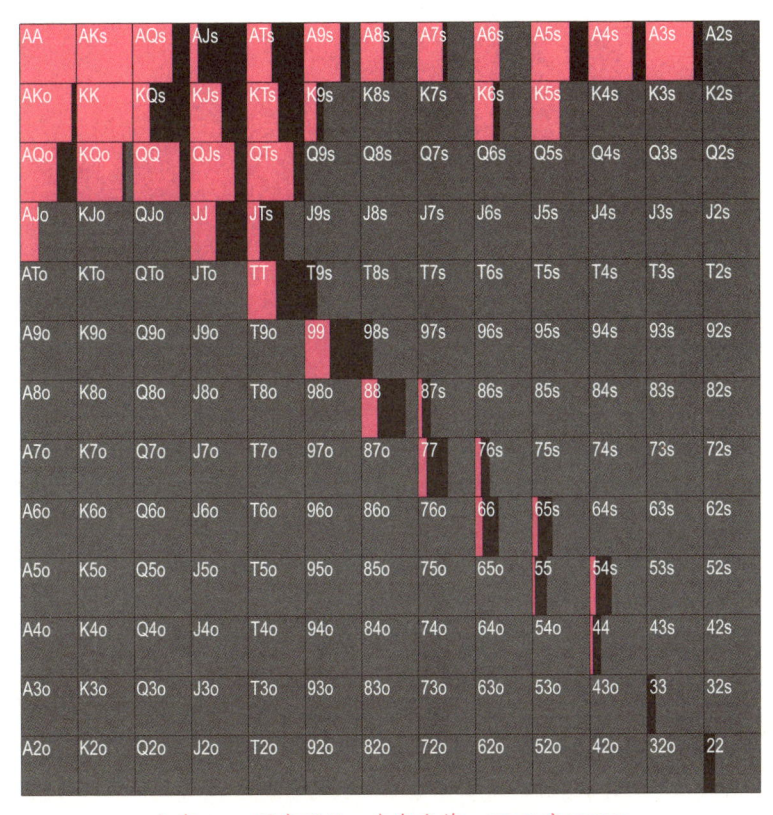

AA	AKs	AQs	AJs	ATs	A9s	A8s	A7s	A6s	A5s	A4s	A3s	A2s
AKo	KK	KQs	KJs	KTs	K9s	K8s	K7s	K6s	K5s	K4s	K3s	K2s
AQo	KQo	QQ	QJs	QTs	Q9s	Q8s	Q7s	Q6s	Q5s	Q4s	Q3s	Q2s
AJo	KJo	QJo	JJ	JTs	J9s	J8s	J7s	J6s	J5s	J4s	J3s	J2s
ATo	KTo	QTo	JTo	TT	T9s	T8s	T7s	T6s	T5s	T4s	T3s	T2s
A9o	K9o	Q9o	J9o	T9o	99	98s	97s	96s	95s	94s	93s	92s
A8o	K8o	Q8o	J8o	T8o	98o	88	87s	86s	85s	84s	83s	82s
A7o	K7o	Q7o	J7o	T7o	97o	87o	77	76s	75s	74s	73s	72s
A6o	K6o	Q6o	J6o	T6o	96o	86o	76o	66	65s	64s	63s	62s
A5o	K5o	Q5o	J5o	T5o	95o	85o	75o	65o	55	54s	53s	52s
A4o	K4o	Q4o	J4o	T4o	94o	84o	74o	64o	54o	44	43s	42s
A3o	K3o	Q3o	J3o	T3o	93o	83o	73o	63o	53o	43o	33	32s
A2o	K2o	Q2o	J2o	T2o	92o	82o	72o	62o	52o	42o	32o	22

红色 3B，黑色跟注，灰色弃牌，3B 尺度 7.5BB

BTN vs HJ Open

AA	AKs	AQs	AJs	ATs	A9s	A8s	A7s	A6s	A5s	A4s	A3s	A2s
AKo	KK	KQs	KJs	KTs	K9s	K8s	K7s	K6s	K5s	K4s	K3s	K2s
AQo	KQo	QQ	QJs	QTs	Q9s	Q8s	Q7s	Q6s	Q5s	Q4s	Q3s	Q2s
AJo	KJo	QJo	JJ	JTs	J9s	J8s	J7s	J6s	J5s	J4s	J3s	J2s
ATo	KTo	QTo	JTo	TT	T9s	T8s	T7s	T6s	T5s	T4s	T3s	T2s
A9o	K9o	Q9o	J9o	T9o	99	98s	97s	96s	95s	94s	93s	92s
A8o	K8o	Q8o	J8o	T8o	98o	88	87s	86s	85s	84s	83s	82s
A7o	K7o	Q7o	J7o	T7o	97o	87o	77	76s	75s	74s	73s	72s
A6o	K6o	Q6o	J6o	T6o	96o	86o	76o	66	65s	64s	63s	62s
A5o	K5o	Q5o	J5o	T5o	95o	85o	75o	65o	55	54s	53s	52s
A4o	K4o	Q4o	J4o	T4o	94o	84o	74o	64o	54o	44	43s	42s
A3o	K3o	Q3o	J3o	T3o	93o	83o	73o	63o	53o	43o	33	32s
A2o	K2o	Q2o	J2o	T2o	92o	82o	72o	62o	52o	42o	32o	22

红色 3B，黑色跟注，灰色弃牌，3B 尺度 7.5BB

BTN vs CO Open

AA	AKs	AQs	AJs	ATs	A9s	A8s	A7s	A6s	A5s	A4s	A3s	A2s
AKo	KK	KQs	KJs	KTs	K9s	K8s	K7s	K6s	K5s	K4s	K3s	K2s
AQo	KQo	QQ	QJs	QTs	Q9s	Q8s	Q7s	Q6s	Q5s	Q4s	Q3s	Q2s
AJo	KJo	QJo	JJ	JTs	J9s	J8s	J7s	J6s	J5s	J4s	J3s	J2s
ATo	KTo	QTo	JTo	TT	T9s	T8s	T7s	T6s	T5s	T4s	T3s	T2s
A9o	K9o	Q9o	J9o	T9o	99	98s	97s	96s	95s	94s	93s	92s
A8o	K8o	Q8o	J8o	T8o	98o	88	87s	86s	85s	84s	83s	82s
A7o	K7o	Q7o	J7o	T7o	97o	87o	77	76s	75s	74s	73s	72s
A6o	K6o	Q6o	J6o	T6o	96o	86o	76o	66	65s	64s	63s	62s
A5o	K5o	Q5o	J5o	T5o	95o	85o	75o	65o	55	54s	53s	52s
A4o	K4o	Q4o	J4o	T4o	94o	84o	74o	64o	54o	44	43s	42s
A3o	K3o	Q3o	J3o	T3o	93o	83o	73o	63o	53o	43o	33	32s
A2o	K2o	Q2o	J2o	T2o	92o	82o	72o	62o	52o	42o	32o	22

红色 3B，黑色跟注，灰色弃牌，3B 尺度 7.5BB

BB vs UTG Open

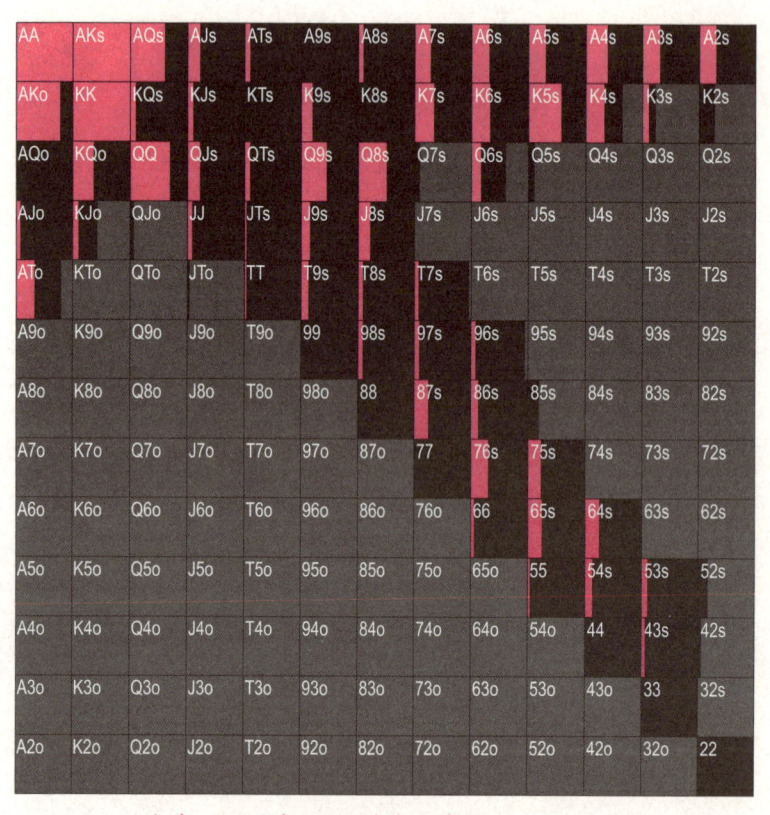

AA	AKs	AQs	AJs	ATs	A9s	A8s	A7s	A6s	A5s	A4s	A3s	A2s
AKo	KK	KQs	KJs	KTs	K9s	K8s	K7s	K6s	K5s	K4s	K3s	K2s
AQo	KQo	QQ	QJs	QTs	Q9s	Q8s	Q7s	Q6s	Q5s	Q4s	Q3s	Q2s
AJo	KJo	QJo	JJ	JTs	J9s	J8s	J7s	J6s	J5s	J4s	J3s	J2s
ATo	KTo	QTo	JTo	TT	T9s	T8s	T7s	T6s	T5s	T4s	T3s	T2s
A9o	K9o	Q9o	J9o	T9o	99	98s	97s	96s	95s	94s	93s	92s
A8o	K8o	Q8o	J8o	T8o	98o	88	87s	86s	85s	84s	83s	82s
A7o	K7o	Q7o	J7o	T7o	97o	87o	77	76s	75s	74s	73s	72s
A6o	K6o	Q6o	J6o	T6o	96o	86o	76o	66	65s	64s	63s	62s
A5o	K5o	Q5o	J5o	T5o	95o	85o	75o	65o	55	54s	53s	52s
A4o	K4o	Q4o	J4o	T4o	94o	84o	74o	64o	54o	44	43s	42s
A3o	K3o	Q3o	J3o	T3o	93o	83o	73o	63o	53o	43o	33	32s
A2o	K2o	Q2o	J2o	T2o	92o	82o	72o	62o	52o	42o	32o	22

红色 3B，黑色跟注，灰色弃牌，3B 尺度 12BB

BB vs HJ Open

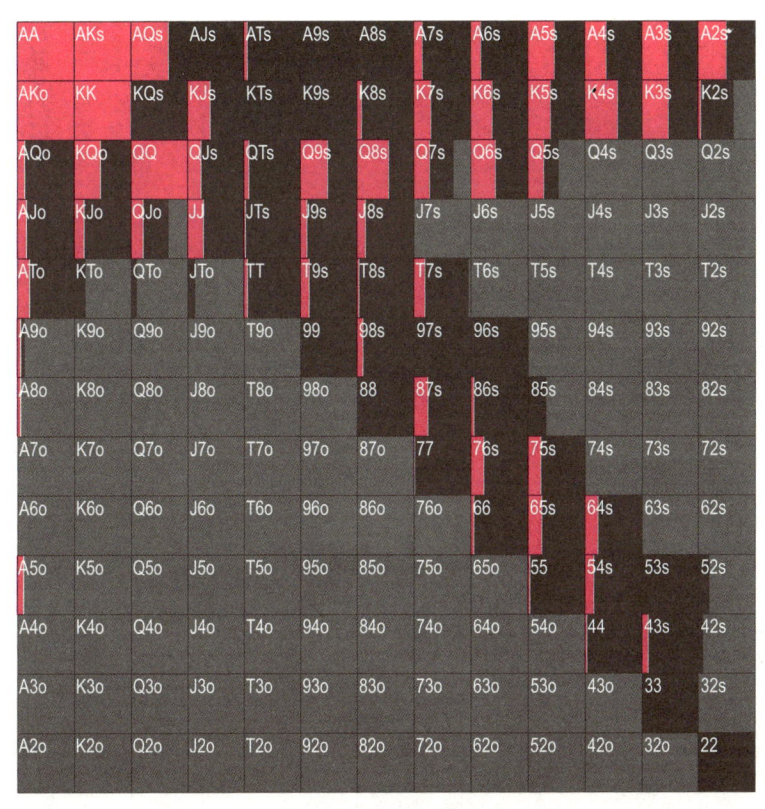

AA	AKs	AQs	AJs	ATs	A9s	A8s	A7s	A6s	A5s	A4s	A3s	A2s
AKo	KK	KQs	KJs	KTs	K9s	K8s	K7s	K6s	K5s	K4s	K3s	K2s
AQo	KQo	QQ	QJs	QTs	Q9s	Q8s	Q7s	Q6s	Q5s	Q4s	Q3s	Q2s
AJo	KJo	QJo	JJ	JTs	J9s	J8s	J7s	J6s	J5s	J4s	J3s	J2s
ATo	KTo	QTo	JTo	TT	T9s	T8s	T7s	T6s	T5s	T4s	T3s	T2s
A9o	K9o	Q9o	J9o	T9o	99	98s	97s	96s	95s	94s	93s	92s
A8o	K8o	Q8o	J8o	T8o	98o	88	87s	86s	85s	84s	83s	82s
A7o	K7o	Q7o	J7o	T7o	97o	87o	77	76s	75s	74s	73s	72s
A6o	K6o	Q6o	J6o	T6o	96o	86o	76o	66	65s	64s	63s	62s
A5o	K5o	Q5o	J5o	T5o	95o	85o	75o	65o	55	54s	53s	52s
A4o	K4o	Q4o	J4o	T4o	94o	84o	74o	64o	54o	44	43s	42s
A3o	K3o	Q3o	J3o	T3o	93o	83o	73o	63o	53o	43o	33	32s
A2o	K2o	Q2o	J2o	T2o	92o	82o	72o	62o	52o	42o	32o	22

红色 3B，黑色跟注，灰色弃牌，3B 尺度 12BB

BB vs CO Open

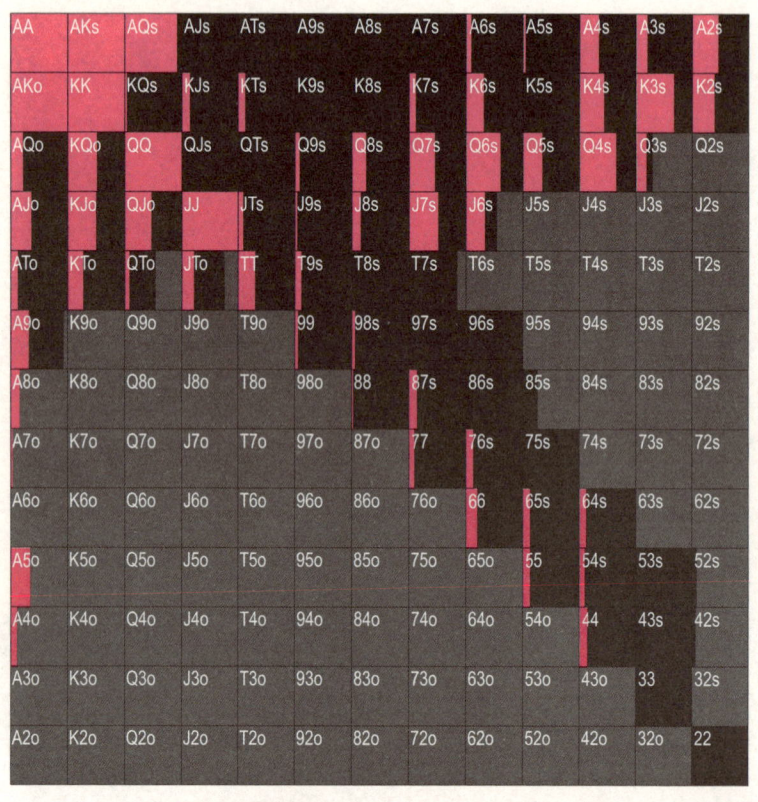

AA	AKs	AQs	AJs	ATs	A9s	A8s	A7s	A6s	A5s	A4s	A3s	A2s
AKo	KK	KQs	KJs	KTs	K9s	K8s	K7s	K6s	K5s	K4s	K3s	K2s
AQo	KQo	QQ	QJs	QTs	Q9s	Q8s	Q7s	Q6s	Q5s	Q4s	Q3s	Q2s
AJo	KJo	QJo	JJ	JTs	J9s	J8s	J7s	J6s	J5s	J4s	J3s	J2s
ATo	KTo	QTo	JTo	TT	T9s	T8s	T7s	T6s	T5s	T4s	T3s	T2s
A9o	K9o	Q9o	J9o	T9o	99	98s	97s	96s	95s	94s	93s	92s
A8o	K8o	Q8o	J8o	T8o	98o	88	87s	86s	85s	84s	83s	82s
A7o	K7o	Q7o	J7o	T7o	97o	87o	77	76s	75s	74s	73s	72s
A6o	K6o	Q6o	J6o	T6o	96o	86o	76o	66	65s	64s	63s	62s
A5o	K5o	Q5o	J5o	T5o	95o	85o	75o	65o	55	54s	53s	52s
A4o	K4o	Q4o	J4o	T4o	94o	84o	74o	64o	54o	44	43s	42s
A3o	K3o	Q3o	J3o	T3o	93o	83o	73o	63o	53o	43o	33	32s
A2o	K2o	Q2o	J2o	T2o	92o	82o	72o	62o	52o	42o	32o	22

红色 3B，黑色跟注，灰色弃牌，3B 尺度 13BB

BB vs BTN Open

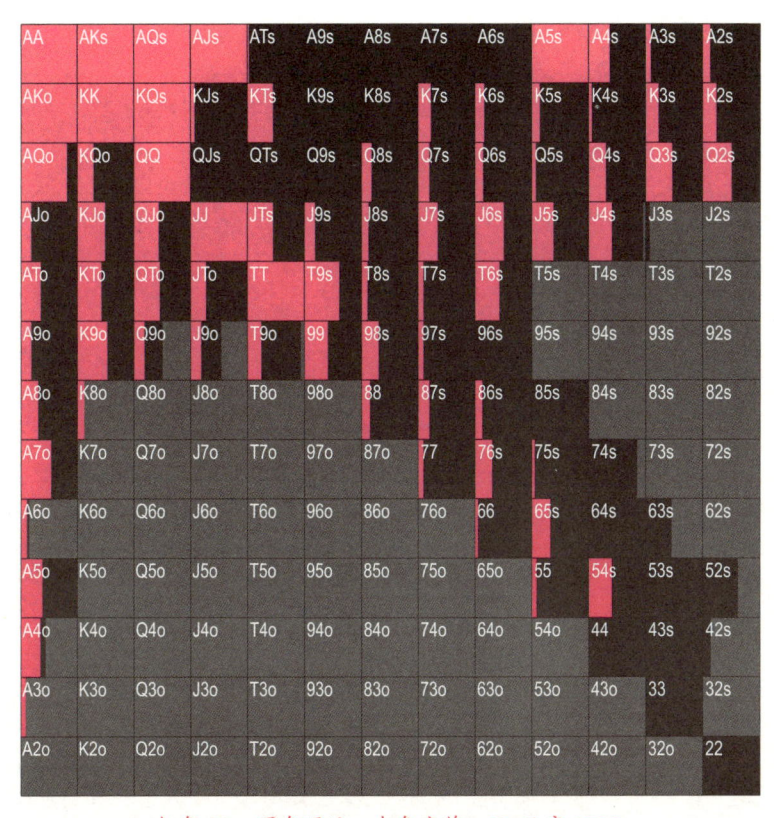

AA	AKs	AQs	AJs	ATs	A9s	A8s	A7s	A6s	A5s	A4s	A3s	A2s
AKo	KK	KQs	KJs	KTs	K9s	K8s	K7s	K6s	K5s	K4s	K3s	K2s
AQo	KQo	QQ	QJs	QTs	Q9s	Q8s	Q7s	Q6s	Q5s	Q4s	Q3s	Q2s
AJo	KJo	QJo	JJ	JTs	J9s	J8s	J7s	J6s	J5s	J4s	J3s	J2s
ATo	KTo	QTo	JTo	TT	T9s	T8s	T7s	T6s	T5s	T4s	T3s	T2s
A9o	K9o	Q9o	J9o	T9o	99	98s	97s	96s	95s	94s	93s	92s
A8o	K8o	Q8o	J8o	T8o	98o	88	87s	86s	85s	84s	83s	82s
A7o	K7o	Q7o	J7o	T7o	97o	87o	77	76s	75s	74s	73s	72s
A6o	K6o	Q6o	J6o	T6o	96o	86o	76o	66	65s	64s	63s	62s
A5o	K5o	Q5o	J5o	T5o	95o	85o	75o	65o	55	54s	53s	52s
A4o	K4o	Q4o	J4o	T4o	94o	84o	74o	64o	54o	44	43s	42s
A3o	K3o	Q3o	J3o	T3o	93o	83o	73o	63o	53o	43o	33	32s
A2o	K2o	Q2o	J2o	T2o	92o	82o	72o	62o	52o	42o	32o	22

红色 3B，黑色跟注，灰色弃牌，3B 尺度 13BB

3）对抗 3B，在前面 Open，后面有人 3B

UTG Open，对手在 BTN 做 3B

AA	AKs	AQs	AJs	ATs	A9s	A8s	A7s	A6s	A5s	A4s	A3s	A2s
AKo	KK	KQs	KJs	KTs	K9s	K8s	K7s	K6s	K5s	K4s	K3s	K2s
AQo	KQo	QQ	QJs	QTs	Q9s	Q8s	Q7s	Q6s	Q5s	Q4s	Q3s	Q2s
AJo	KJo	QJo	JJ	JTs	J9s	J8s	J7s	J6s	J5s	J4s	J3s	J2s
ATo	KTo	QTo	JTo	TT	T9s	T8s	T7s	T6s	T5s	T4s	T3s	T2s
A9o	K9o	Q9o	J9o	T9o	99	98s	97s	96s	95s	94s	93s	92s
A8o	K8o	Q8o	J8o	T8o	98o	88	87s	86s	85s	84s	83s	82s
A7o	K7o	Q7o	J7o	T7o	97o	87o	77	76s	75s	74s	73s	72s
A6o	K6o	Q6o	J6o	T6o	96o	86o	76o	66	65s	64s	63s	62s
A5o	K5o	Q5o	J5o	T5o	95o	85o	75o	65o	55	54s	53s	52s
A4o	K4o	Q4o	J4o	T4o	94o	84o	74o	64o	54o	44	43s	42s
A3o	K3o	Q3o	J3o	T3o	93o	83o	73o	63o	53o	43o	33	32s
A2o	K2o	Q2o	J2o	T2o	92o	82o	72o	62o	52o	42o	32o	22

红色 4B，深红 All In，黑色跟注，深灰色弃牌，4B 尺度 20BB

HJ Open，对手在 BTN 做 3B

AA	AKs	AQs	AJs	ATs	A9s	A8s	A7s	A6s	A5s	A4s	A3s	A2s
AKo	KK	KQs	KJs	KTs	K9s	K8s	K7s	K6s	K5s	K4s	K3s	K2s
AQo	KQo	QQ	QJs	QTs	Q9s	Q8s	Q7s	Q6s	Q5s	Q4s	Q3s	Q2s
AJo	KJo	QJo	JJ	JTs	J9s	J8s	J7s	J6s	J5s	J4s	J3s	J2s
ATo	KTo	QTo	JTo	TT	T9s	T8s	T7s	T6s	T5s	T4s	T3s	T2s
A9o	K9o	Q9o	J9o	T9o	99	98s	97s	96s	95s	94s	93s	92s
A8o	K8o	Q8o	J8o	T8o	98o	88	87s	86s	85s	84s	83s	82s
A7o	K7o	Q7o	J7o	T7o	97o	87o	77	76s	75s	74s	73s	72s
A6o	K6o	Q6o	J6o	T6o	96o	86o	76o	66	65s	64s	63s	62s
A5o	K5o	Q5o	J5o	T5o	95o	85o	75o	65o	55	54s	53s	52s
A4o	K4o	Q4o	J4o	T4o	94o	84o	74o	64o	54o	44	43s	42s
A3o	K3o	Q3o	J3o	T3o	93o	83o	73o	63o	53o	43o	33	32s
A2o	K2o	Q2o	J2o	T2o	92o	82o	72o	62o	52o	42o	32o	22

红色 4B，深红 All In，黑色跟注，深灰色弃牌，4B 尺度 20BB

CO Open，对手在 BTN 做 3B

	AKs	AQs	AJs	ATs	A9s	A8s	A7s	A6s	A5s	A4s	A3s	A2s
AA												
AKo	KK	KQs	KJs	KTs	K9s	K8s	K7s	K6s	K5s	K4s	K3s	K2s
AQo	KQo	QQ	QJs	QTs	Q9s	Q8s	Q7s	Q6s	Q5s	Q4s	Q3s	Q2s
AJo	KJo	QJo	JJ	JTs	J9s	J8s	J7s	J6s	J5s	J4s	J3s	J2s
ATo	KTo	QTo	JTo	TT	T9s	T8s	T7s	T6s	T5s	T4s	T3s	T2s
A9o	K9o	Q9o	J9o	T9o	99	98s	97s	96s	95s	94s	93s	92s
A8o	K8o	Q8o	J8o	T8o	98o	88	87s	86s	85s	84s	83s	82s
A7o	K7o	Q7o	J7o	T7o	97o	87o	77	76s	75s	74s	73s	72s
A6o	K6o	Q6o	J6o	T6o	96o	86o	76o	66	65s	64s	63s	62s
A5o	K5o	Q5o	J5o	T5o	95o	85o	75o	65o	55	54s	53s	52s
A4o	K4o	Q4o	J4o	T4o	94o	84o	74o	64o	54o	44	43s	42s
A3o	K3o	Q3o	J3o	T3o	93o	83o	73o	63o	53o	43o	33	32s
A2o	K2o	Q2o	J2o	T2o	92o	82o	72o	62o	52o	42o	32o	22

红色 4B，深红 All In，黑色跟注，深灰色弃牌，4B 尺度 22BB

这些翻牌前范围表是怎么得出的呢？目前市面上的起手表都是通过翻牌前 Solver 软件计算出来的，但是翻牌前计算对内存的需求是极为巨大的，家用电脑 16～32G 内存一定是不够用的。不过用不了翻牌前 Solver，你也可以理解它的原理。其实翻牌前 Solver 和翻牌后 Solver 非常类似，都是通过人为设置各个参数来进行求解的。首先给定一系列的参数，包括位置、人数、下注尺度、筹码深度，以及翻牌后行动线，然后翻牌前 Solver 就可以根据这些参数跑出一套起手表。如果给定的参数改变了，跑出来的起手表也会有所不同，这就是为什么市面上有这么多套起手表，多多少少长得都有些不一样。

建议你选择贴近自己游戏环境的起手表。另外，怎么记住这么多起手表呢？你要对范围有一个基本的认知，知道牌力相对强弱的分布及占比，知道筹码深度、位置、人数对进攻及防守策略的影响，知道何时用线性范围、何时用极化范围，找得到边缘牌，你就能大致明白这个表的含义，从而简化记忆。

随着对德州扑克 GTO 策略理解的加深，你甚至可以自己设计范围，和 Solver 跑出来的结果差不多。另外，遇到表格有大量混合策略的情况，不用特别纠结，从数字上看每种选择的 EV 差不多，实战时可以结合当下桌面动态以及其他信息来做选择，把游戏简单化。

你要明白，GTO 翻牌前范围表并不是绝对正确的，它只是限定条件下的产物。它最大的作用是给你一个标准供参考，是一个锚定。这个标准也能让你更精确地了解对手的偏移和漏洞，从而更好地利用各种动态信息和数据，进行有针对性的精准剥削。

> The only bad luck for a good gambler is bad health.
> 对于优秀牌手来说,坏运气只是健康问题。
> —— Benny Binion

三、翻牌后—进攻

1. 下注的三大目的

接下来我会带着你看看进攻理论在这 10 年间是如何演进的,什么情况下应该下注,什么情况下又应该过牌。其实很多德州扑克爱好者都不太知道如何决策,而是凭感觉。

10 年前,我问我的老师:这手牌我应不应该下注呢?当年的老师告诉我:要看你的下注有没有意义。这是德州扑克最基础的理论。所以 10 年前在手牌的维度上,前辈就下注的目的及意义总结了三个规律:

第一:为了价值(for value)。

第二:为了诈唬(for bluff)。

第三:为了死钱。

第一是为了价值。假设我们牌大,我们下注的逻辑是什么?是对手有小牌，能跟注，我们多赢。请注意，我在之前的章节讲述过，下注比不下注好的原因一定只有一个：投资回报率。并不是牌大就应该下注，而是因为下注这个决策，使我们的牌大获益了，我们的投资回报率是高的。什么情况下投资回报率高呢？就是我们大牌下注以后，对手比我们的牌小也跟了我们，本来只能赢50个筹码的底池，我们现在下了50个筹码，对手牌比我们小还跟，我们就多赢了50个筹码。

看起来浅显的道理，其实并没有那么容易实践。

第二是为了诈唬。小牌为什么要下注呢？是因为本来这个底池不属于我们，而由于我们下注让对手弃牌了，这个底池又属于我们了。说下注比不下注要好，是因为投资回报率是正的。

第三是为了死钱。要我说，发明这个理论的人他自己也知道好像有点问题。为了价值的时候，难道我们的牌就一定比对手大吗？假设双方都是一个范围，我们下注，对手比我们的牌小却跟注我们，那么对手难道就没有一手牌比我们的牌大吗？

为了诈唬亦是同理，难道对手的范围里就不会有大牌跟注吗？一旦对手的范围里有大牌跟注，我们虽然看起来投资回报率是正的，但事实上，我们因为这个下注把对手打走，是获益了还是损失了，根本搞不清楚。于是发明这个理论的人说，我再找补找补，还有一个下注的目的，是为了死钱。

既然我们的手牌没有绝对的大与小，那么我们在面对对手的时候，一定有一个胜率。假设因为我们下注，对手弃牌了，对手实质上弃掉的权益不是整个底池，而是对手这个手牌在整个底池中占的比例。

假设我们是 80% 胜率，对手是 20% 胜率，现在我们下注了，对手弃牌了，他是不是就弃掉了那 20% 的胜率呢？

我们管这叫死钱。也就是说如果没人下注，这个底池中的 20% 筹码就死在池里了，现在我们通过下注，赢得了本不属于我们的死钱，这是下注的核心目的之一。

于是通过这三个目的：

为了价值

为了诈唬

为了死钱

就穷尽了所有下注有可能投资回报率比不下注高的可能性。

反过来讲，如果我们的下注没有达到这三个目的之一，我们的下注一定是个错误。

如果我们下注，对手跟注我们的牌都比我们大，而对手弃掉的牌都比我们小，我们并没有通过下注起到保护自己的作用，那么这种下注叫白送。

所以下注的目的和意义，其实还有第四个，就是为了白送。

为了价值

为了诈唬

为了死钱

为了白送

> *If you're a competitive person and you commit yourself to something, you have no choice but to endure.*
> 如果你渴望胜利并全情投入，那么你除了坚持别无选择。
> —— *Vince Burgio*

2. 下注的目的（升级版）

我们今天要讲的是德州扑克10年理论波动，在德州扑克领域，这10年间的理论可谓发生了翻天覆地般的改变。甚至可以毫不夸张地说，过去10年的理论相当大一部分都被推翻了，那么为什么它们会被推翻呢？

我们就去深挖一下德州扑克理论"恐怖"的默认假设。

德州扑克理论有一个默认的假设："对手会按照你的想象去玩。"

我们默认的东西竟然是有问题的！

这就像你告诉大家：你们的计算全部都是错误的，因为你们从小开始学习的"1+1=2"是错误的。

所以，在七八年前有人曾试图给下注目的找补，因为它太重要了——你不知道下注的目的是什么，你怎么玩啊？

在《德州扑克中的数学》这本书里，作者就下注的目的更新了一个版本，说下注的目的有两个：

第一个还是为了价值，这个是改不了的，毕竟我们牌大我们不下注让人跟着我们，怎么赢啊？

第二个改了，是为了获得底池权益，也就是说不管什么诈唬、死钱，只要能获得底池权益就行。这对不对呢？已经相对正确了。

我们本来占底池的 60%，我们下注了，现在占 61% 了。

所以这个下注目的有一定的正确性，因为它第一次提出了"权益"这个概念，告诉我们：下注的目的有可能不是在牌的维度上去讨论，因为在牌的维度上讨论价值、讨论诈唬、讨论死钱的时候，我们都必须假设。我们有没有更高的维度绕开假设呢？

当我们讨论对手会怎么办的时候，我们会发现我们并不知道对手会怎么办，所以"权益"这个概念绕开了假设，它告诉我们：下注的目的是让我们在当前情况下，本来能占底池的 60%，但是调整后现在能占 61% 了。我们会发现不知不觉中，我们的考虑从牌的维度上升到了范围的维度。

那么这个理论为何没有被广泛使用以及发扬光大呢？因为它的适用性真的太差了！下注是为了价值，诈唬还能有点判断根据，可是我们通过下注怎么影响底池、份额……该怎么去思考和量化呢？总不能把对手手牌的所有可能性都列出来，逐一判断我们下注后对手每种可能性的玩法再去加权平均吧。诚然，这个理论的实战价值几乎没有，然而它却给了我们一个启示：当我们站在牌的维度去想我们的牌是大还是小的时候，我们下注的目的就离不开价值、诈唬、死钱。但是一旦上升到范围的维度，我们会发现，我们下注的目的是让我们获得底池的更高份额。

于是革命性的理论诞生了!

> *I never dirnk when I play, no top player drinks, while playing.*
> 我打牌的时候从来不喝酒,没有哪位顶级玩家打牌的时候喝酒。
> ——*Doyle Brunson*

3. 下注的本质三段论推演

我们怎么让我们的底池权益更大呢?我们要去找到其核心本质,就是德州扑克到底在玩什么。我已经打牌打了 10 年,至今我的父亲不相信这个游戏长期来讲是能赢的,为什么呀?他的逻辑就是如果从长期的角度来看,在不作弊的情况下,双方拿到的牌力是相同的。你拿到大牌的时候赢的底池筹码迟早会在你牌小的时候输回去。所以这个游戏是纯粹的运气游戏,长期来讲技术是没有意义的。如果你顺着我父亲的思路去思考,你会发现他的这番推演有一定道理。

既然如此,那么什么才是我们赢得长期胜利的本质呢?

大牌大底池,小牌小底池!

当我们达到这种最终目的的时候,反过来说,对手就必然是大牌小底池,小牌大底池。

回过头来看,当我们在下注与过牌之间做选择的时候,事实上,

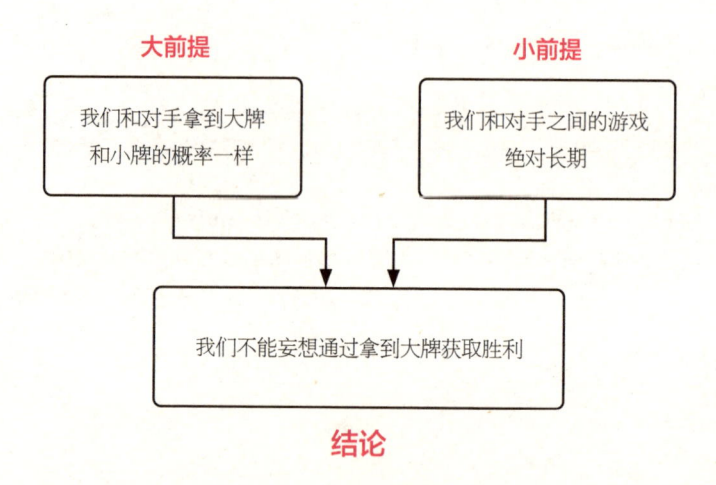

```
    大前提                           小前提
┌─────────────────┐         ┌─────────────────┐
│ 我们和对手拿到大牌 │         │ 我们和对手之间的游戏 │
│  和小牌的概率一样  │         │      绝对长期      │
└─────────────────┘         └─────────────────┘
          │                           │
          ↓                           ↓
        ┌─────────────────────────────────┐
        │  我们不能妄想通过拿到大牌获取胜利  │
        └─────────────────────────────────┘

                    结论
```

我们的最终目的是大牌大底池，小牌小底池。

那么怎样才能大牌大底池呢？假设我们现在拿到了绝对大牌，自然想通过下注来扩大底池，即为了价值，因为不下注一定没有价值，下注至少能扩大底池。那么我们应该下多大尺度的注呢？有些人认为，拿到的牌越大下注的尺度就应该越大，这样就能大牌大底池了，可事实显然常常背道而驰。如果对手的范围固定且有一定的理智，随着我们下注尺度的提高，对手的弃牌率也会增大，下注尺度过大不但没有扩大底池，反而迫使对手弃掉了更多中等牌，而这些中等牌如果在后续得到增强，对手可能会支付更多筹码，使底池扩大。因此，提高下注尺度显然不是实现大牌大底池的正确方案。

那么到底用什么方法才能实现大牌大底池，小牌小底池呢？

事实上在刚才的推演中，我们把对手的手牌想象成了范围，由于在实战中我们的牌自己能清晰地看到，而对手的牌我们看不到，我们就会认为是手牌与范围的对抗。可事实上，站在对手角度，他并不清楚我们的手牌具体是什么，因此我们下大注他会更少抵抗，我们下小注他会更多防守，这种动态的博弈使得提高下注尺度不一定能扩大底池。反过来说，既然对手不知道我们的手牌，我们也没有必要拘泥于自己的手牌来计算下注尺度，如果站在更高的视角公正地看待这场博弈，双方实际上在进行范围与范围的对抗。

站在范围对抗的角度再来看大牌大底池，小牌小底池，我们会得出一个更完美的极简表述：

　　　　大前提　长期来看双方拿到的牌力相同。

　　　　小前提　强范围的时候我们大底池，

　　　　　　　　弱范围的时候我们小底池。

　　　　结　论　长期胜利。

> *In the long run there's no luck in poker, but the short run is longer than most people know.*
>
> 长期来看，扑克没有运气因素，但是短期要比多数人认为的多很多。
>
> ——*Rick Bennet*

4. 权益决定频率

对于来现场听我课的学员和进行深度学习的学员，我都会让他们做一个练习，就是在拿到手牌的时候先不要看牌，先设计出自己范围中所有牌的策略，把看到的手牌当成设计好的完整策略线上的一个点。用这种方式提高思考的维度是极其有效的。

如果我们先看手牌，我们就会不自觉地进入这手牌的得失中，从而失去了"范围之战"这一本质的思考。而当我们把整个博弈过程当成范围与范围的博弈时，我们会发现"大牌大底池"变成了更本质、也更容易实现的"强范围大底池"。

站在范围的角度来看，想达成"强范围大底池"有两种可能的方式，即

提高下注频率，
增大下注尺度。

在前文中我讲过为何站在手牌角度提高下注尺度不能达到增大底池的目的。事实上，即使站在范围的角度，不管我们如何变更下注尺度，对手都会通过变更防守频率来平衡长期的底池大小，那么实现"强范围大底池"的办法便只有一个，提高下注频率。

回到最初的问题，当我们在下注与过牌之间做选择的时候，站在范围的角度，什么才是下注的本质呢？既然强范围、高频率能扩大底池，那么决定下注频率的就是我们的范围和对手范围的强弱。为了简化这种强弱关系并且制定量化指标，我们引入一个近些年GTO理论最重要的概念之一——权益。

权益：长期来讲，双方范围在当前博弈关系中最终分到的份额。

第四章　德州扑克理论演进逻辑

事实上在两年前，很多人会把权益定义为在当前博弈关系中双方的胜率。

这种定义方法更为简单好计算，然而并非绝对严谨，因为范围的强弱包含了双方位置、极化程度、筹码深度等多个影响要素，这些要素都部分决定了双方在此博弈关系中的最终份额。然而太过复杂的定义也确实难以量化计算，并且在当前博弈关系中双方的胜率确实是影响份额的最决定性要素。所以在大多数情况下把权益直接定义为胜率也无不可。

于是，我们的三段论又有了新的发展，形成了更极致、更本质的表述：

大前提　长期来看双方拿到的牌力相同。

小前提　高权益的时候我们以高下注频率得大底池，
低权益的时候我们以低下注频率得小底池。

结　论　为了长期胜利，下注的本质逻辑是权益决定频率。

不管怎么强调这句结论在提高德州扑克水平中的分量都不为过，我甚至愿意把它刻在我的墓碑上作为我职业生涯的圭臬。

When your opponent's sitting there holding all the aces, there's only one thing to do: kick over the table.
如果你的对手总是拿到 AA，你唯一能做的事情就是把桌子踢翻。
—— *Dean Martin*

5. 下注尺度与牌面的湿润度

从范围对抗的角度讲，权益是下注频率的第一因，而下注尺度并不能改变长期的底池大小，那么又是什么决定下注尺度呢？

在10年前我学打牌的时候有一个重要的概念可以回答这个问题，就是牌面的干燥和湿润。

所谓牌面干燥，指的是双方的听牌组合比例较少，诸如K72就是标准的干燥牌面。即使最容易组成的听牌组合也就是后花后顺。相反，678天花面就是最为湿润的牌面之一，如果双方的手牌中有5或9就能形成两头顺子听牌，有一张红心就能形成同花听牌。

一般认为下注的尺度与牌面的湿润度呈线性关系，牌面越湿润，下注的尺度就越大，很多年来这甚至被大量德州扑克爱好者奉为"真理"。听起来这种理论好像有一定的道理，当牌面湿润，我们的强牌更容易被突如其来的转牌反超，下大注能迫使对方付出更大的代价进入下一条街来保护自己。事实上，很多顶级高手也时不时被这种理论所误导。为何下注尺度与牌面的湿润度毫无关系呢？

站在手牌的角度，确实，我们下注的尺度越大，对手就需要付出越大的代价进入下一条街。可如果站在范围的角度，我们不可能只选用大牌下大注，如果这样对手就能轻易地通过过度弃牌来使我们无利可图。如果我们想保持范围的平衡，在用大牌价值下注的同时必须搭配小牌去诈唬来使对手对我们捉摸不透。也就是说，站在范围的角度，我们每一次用大牌使对手付出代价的同时，为了平衡大牌，小牌也因此付出了同样的代价。

那么变更下注尺度的本质到底是什么呢？站在对手的角度，由于对手并不知道我们的手牌,他只能根据我们的下注尺度来设计抵抗的范围,我们的下注尺度越大,对手抵抗得就越少,那么我们便可以通过下注尺度操控对手的范围,使他的部分组合继续游戏或被迫放弃。

> Poker is good for you.It enriches the soul, sharpens the intellect, heals the spirit.
> 扑克对你有益,它能丰富你的心灵,提高你的智商,呵护你的精神。
> ——Anonymous

6. 坚果优势与下注尺度之间的关系

前文提到,我们可以通过调整下注尺度来控制对手的范围,那么是否不管用什么下注尺度进行游戏都没有任何坏处呢?

在介绍下注的目的时我们就详细讨论过,为了价值、诈唬的思维方式是不够严谨全面的,其中重要的原因之一就是,我们范围内几乎所有的手牌组合既存在对手比我们手牌小却跟注的可能性(为了价值),也存在撞到对手顶端牌的可能性,当我们提高下注尺度的时候,我们撞上对手顶端牌的时候输得会更多。因此,在对手有较多大牌的博弈关系中,我们不应该下大注。

当然，对有些组合来讲，不管我们下多大的注也难逃全部输光的命运。例如，在 K72 的牌面上，当我们 22 撞到 77 的时候，不管我们下注多少也会在三条街打光全部筹码，这就让下大注变得不那么有意义了。

为了量化下大注的意义，我们引入了一个在 GTO 策略中经常被提及，却极难有准确定义的概念——坚果优势。

坚果优势：在当前博弈关系中，我们愿意和对方打光的组合比对方愿意和我们打光的组合更有优势。

这种定义显然不那么严谨，却十分必要。

权益是下注频率的第一因，权益决定频率，而经过我们之前的推断，坚果优势是下注尺度的第一因，因为没有坚果优势，下大注就会让自己价值范围中的中等牌更容易撞到对方的超强牌从而损失惨重！

因此，没有坚果优势就不能下大注！

When a man with money meets a man with experience, the man with experience leaves with money and the man with money leaves with experience.

当一个有钱人遇到一个有经验的人，有经验的人会拿着钱离开，而有钱人会拿着经验离开。

——*Anonymous*

7. 下注的规模理论

既然坚果优势是下注尺度的第一因，那么它与下注尺度之间是怎样的关系呢？权益是下注频率的决定性因素，有权益就必须提高下注频率。可是下注尺度与坚果优势之间显然不是这样简单的关系。

没有坚果优势一定不能下大注，有坚果优势不一定下大注。

坚果优势是下大注的前提条件，真正决定下大注能不能获利还取决于我们通过对下注尺度的调节控制对手范围的效果，那么这种效果又应该如何量化呢？这里我必须隆重推出下注的规模理论。

下注的规模理论

在确定圈次的情况下：
我们想下大注的前提是我们需要有坚果优势，
然而我们有坚果优势未必就需要下大注。

是否要在有坚果优势的时候下大注需要看两点：
1. 对手弃掉权益的价值。
2. 我们价值范围中的中等牌是否需要被保护。

这种描述非常完备且有说服力。有坚果优势想下大注时，要看对手弃掉权益的价值。所谓弃掉权益的价值是针对我们下大注和下小注相比较而言的。对手由于我们下大注而多弃掉的那部分范围是否有价值？如果没有价值则没有必要下大注。同时要看对手弃掉的价值来源于什么，也就是我们价值范围中的中等牌是否需要被保护。用这种方式来思考是否需要下大注是非常好的。把权益理论与规模理论相结合，我们就回答了最开始的问题："下注还是不下注？"

8. 多个下注尺度

如果你在读本书之前没有仔细地研究思考或者学习过下注的本质逻辑，应该会对上述推理与结论大为惊骇吧，既简洁，又非常实用，但它需要你在实践中不断地加以理解和体会。

如果说 10 年的理论波动到此时已经走过了七八年，那么接下来的推演更是大胆前沿。

通过权益决定下注频率，通过规模理论确定下注尺度，对我们制定策略有极大的帮助，然而其中还有未思考全面的地方，那就是下注尺度的多样性。

两三年前，很少有人会在一个博弈关系中设计 2～4 个下注尺度，然而在今天，轻重注结合已经成为常态和习惯。如果只采用单一的下注尺度势必会拉低期望值。理论上，德州扑克的游戏规则具有极大的复杂性，规则允许玩家用任何下注尺度进行游戏。如果每个组合都能找到最优的下注尺度，在范围上就会有无数的下注尺度使策略变得更优。

对下注尺度的讨论

🔒 如果采取多个下注尺度会发生什么变化？

🔒 下注尺度与下注的极化程度之间有什么逻辑关系？

如果在范围博弈中我们需要多个不同的下注尺度，每个下注尺度的极化程度也不同，显然下注尺度越大，范围应该越极化；下注尺度越小，范围就越趋于线性。当我们下注 1BB 的时候，甚至可以百分之百下注，但当我们下注 10 个底池的时候，我们就只能用范围里最顶端的组合和最适合诈唬的组合了。

如果我们简单地把下注尺度的多样性分成大注和小注，下小注一定是因为范围内某些点的权益高于对手，当我们需要大牌大底池时，就需要用小注使双方整体范围的底池更大。下大注的逻辑则不同，下大注一定是因为我们有坚果优势且需要保护一部分牌的权益。而对手在面对大注的时候会随之缩紧防守范围，这就让我们不可能在下大注的同时还保有范围优势，因此下大注必然有明确的价值取向和诈唬目的。

9. 下注的局部优势理论

从哲学上来说，或许我们能设计无数个下注尺度，只要每个尺度都保持绝对平衡，对手就没有更好的策略剥削我们，虽然人类几乎不可能设计 4～5 个下注尺度以上还不攻守失据，但毕竟这种策略逻辑上更优，这也是德州扑克与围棋或象棋的本质不同，即使对于 AI 来说，要想得出最完美的下注尺度也难如登天。于是我们得出了一个颇具哲学意义的、高于现实的下注的局部优势理论。

我们在确定双方的范围时，可以先将双方的范围切片，观察价值范围的局部优势来确定下注尺度。根据下注规模理论，下注尺度的大小取决于切片范围。

由此可能选出多个可能的下注尺度，确定好不同的下注尺度后，下注的频率取决于范围的局部优势，范围的局部优势越强，下注的频率就越高，搭配的诈唬也越多。

由此可知：

下注尺度越多，范围的局部切片越细，策略就越有可能趋近于完美。

于是，我们的进攻思维模式可以总结出来了。

（1）确定博弈关系。

（2）比较双方权益。

（3）确定下注尺度（单个或多个）。

（4）根据权益决定下注频率（每个）。

（5）判断下注尺度的极化程度（每个）。

（6）挑选手牌。

以上就是这 10 年来我理解的，在下注与弃牌中做选择时理论与思维模式的推演和逻辑。这些理解极大地帮助了我和我的学生更好地理解德州扑克游戏与制定范围。

特别要说明的是，它是一种真正站在范围角度的思维方式，这就意味着在拿到牌的时候要做到手中有牌，心中无牌，先设计出整个博弈关系中的策略，而把手牌仅当成范围中的一个点。对大部分未经过训练的德州扑克爱好者来说，这确实有极大的难度。

可是相信我，在 2023 年的今天，几乎所有顶尖高手都是这样做的。如果你尝试这样做，你就会被它思考的全面性、准确性所深深折服，这种思维方式让你摒弃手牌一城一池的得失，俯视范围战争之全貌，就像一个手拿钢刀的士兵变成山坡上指挥若定的将军。

当然，我个人能力一般、水平有限，有一些理论也是我个人学习、归纳、总结的，如有错漏或不当之处，希望你加以指正，我的微信号是aoshen911。

随着时间的流逝，理论必将不断被推演迭代，AI的兴起也让德州扑克的打法更趋向于完美。但是由于德州扑克的复杂性，即使今天的翻牌后解算类软件，也需要输入限制每条街的下注尺度来避免计算量过大的问题，这也在某种程度上说明德州扑克仍没有完全被AI破解，我们也与扑克之神相去甚远。正是这个游戏的复杂性，使它具有无穷的魅力。

> *Poker is a game of memory, position, calculation, alertness, and patience.*
> 德州扑克是关于记忆、位置、计算、冷静和耐心的游戏。
> ——Dan Harrington

10. 比赛前期 100BB BTN vs BB 的一些进攻例子和简单分析

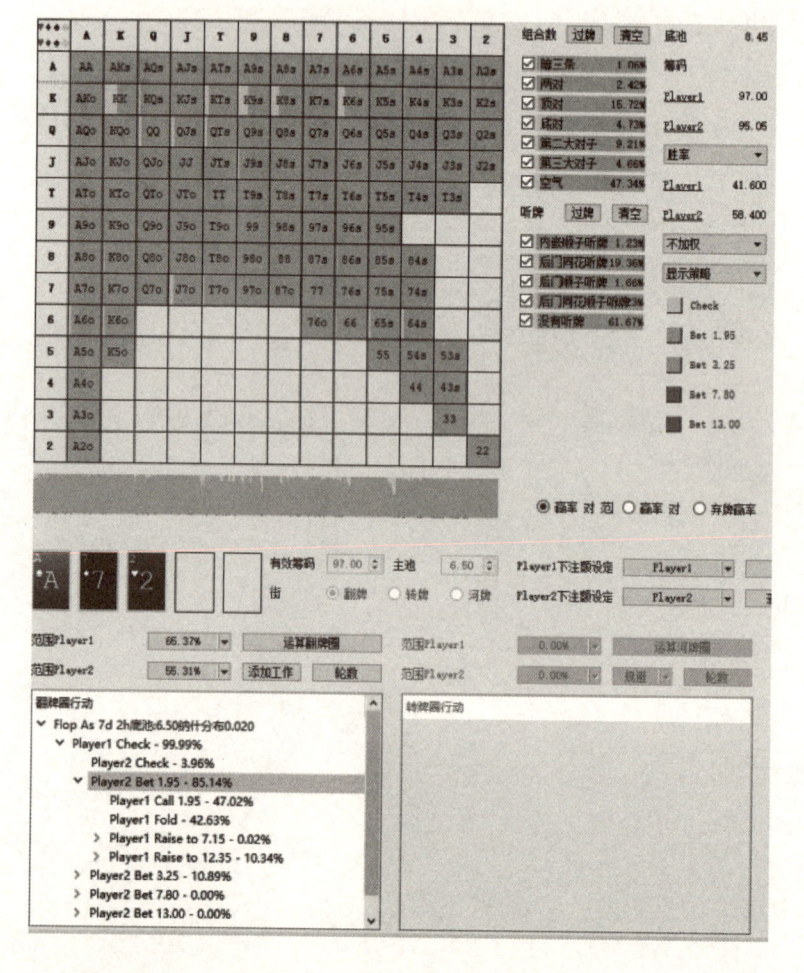

在 A72 中，由于进攻方有绝对的权益优势，采取高频小注的策略，几乎百分之百下注 1/3 底池。

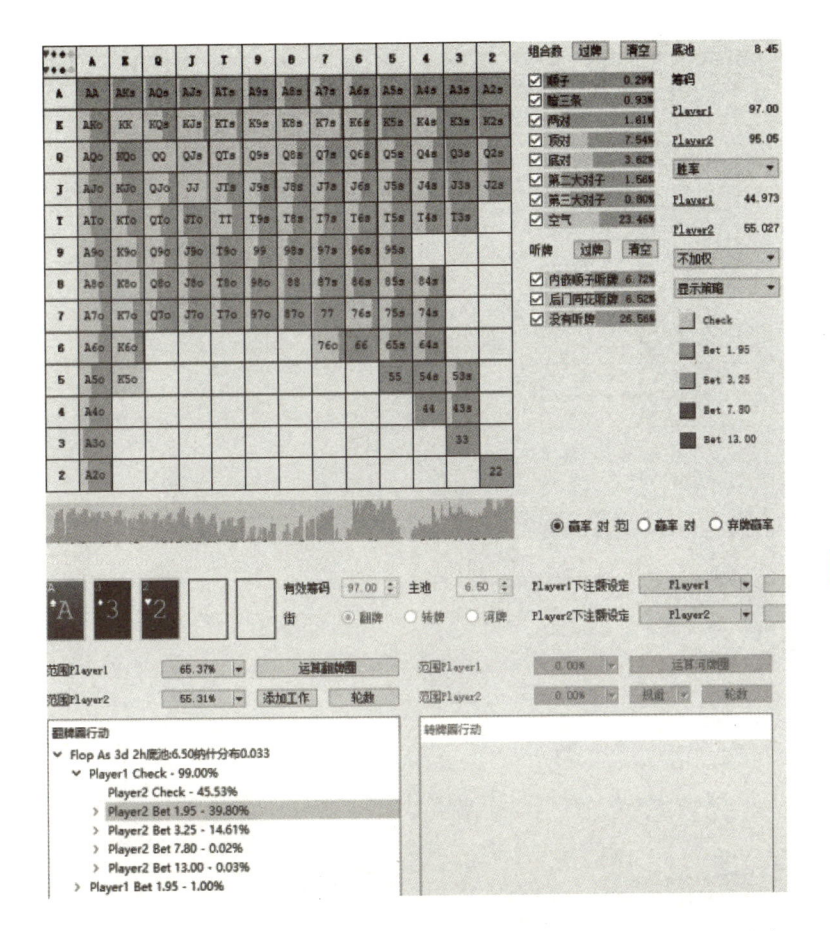

在 A32 中，进攻方的权益由 58.5% 下降到了 55%，因此下注频率急剧降低，需要过牌 45%（范围中的过牌频率）。

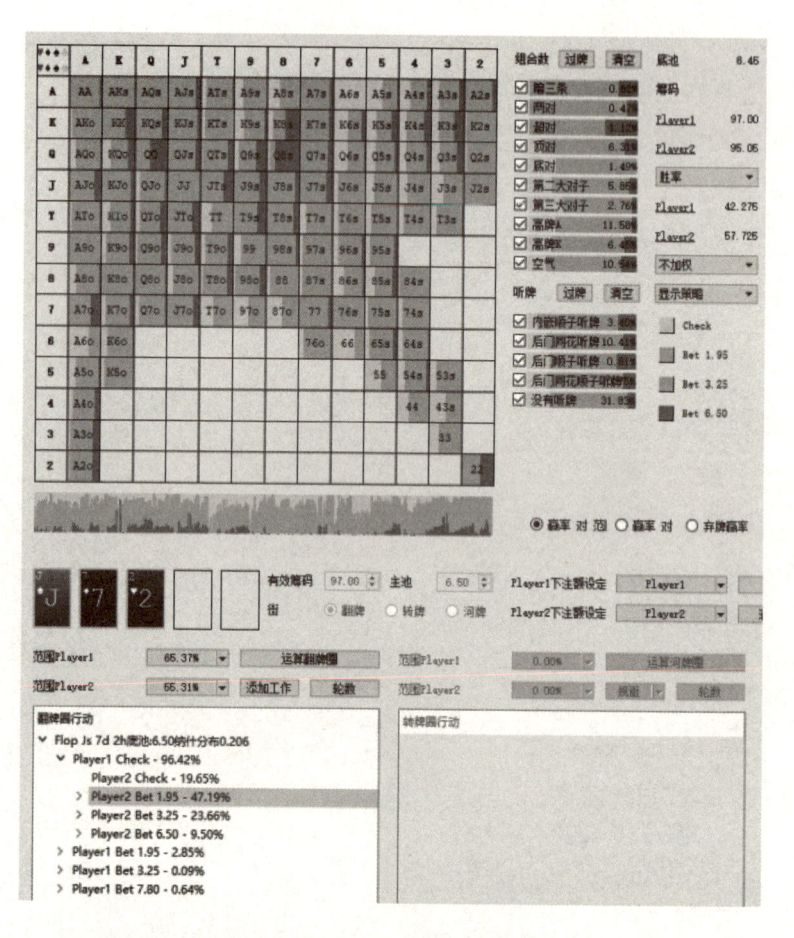

在 J72 中，进攻方权益为 57.7%，因此下注频率较高，仅有 20% 过牌。根据下注规模理论，这里重注范围中的中等牌，如 QQ、AJ 等相比于 A 高面更需要被保护，因此软件建议重注频率小于 10%。

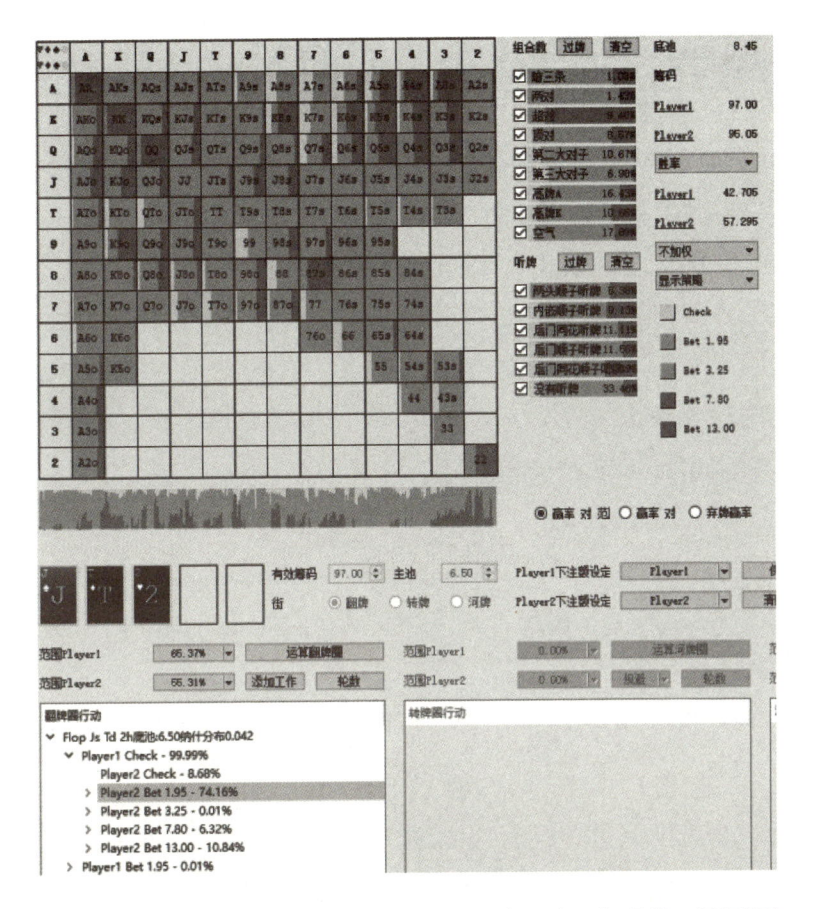

牌面变成JT2，双方权益仍然跟刚才差不多，但是牌面更需要被保护，防守方有更多的顺子听牌，可以有机会反超我们价值范围中的中等牌，因此重注更多。同时，从 7 变成 T 也让我们的范围中更多的中等对子踢脚比对手大，因此虽然权益优势不一定有刚才大，重注的比例却提高了。如果没有下注的局部优势理论，我们或许很难解释这种现象。

四、防守思维方式的理论演进

基本掌握了在下注与过牌之间做选择的思考方式，我们就再也不会在需要做这类决策时大脑一片空白。那么在对手下注，我们在跟注和弃牌之间做选择的时候，理论推演又将如何帮助我们呢？

1. 底池赔率

任何介绍德州扑克游戏的书籍都离不开这个概念，它是押注游戏的逻辑原点。从理论上来讲，当我们的胜率大于我们跟注所需要的胜率的时候，自然应该跟注；反之，胜率不够的时候，就应该弃牌。

于是10年前我在学习德州扑克的时候，最先了解的就是底池赔率和胜率的计算方法。我们先从底池赔率说起。不同的书籍对底池赔率有不同的描述和定义，我这里为了方便与胜率进行比较，直接把它定义为我们需要的胜率。

底池赔率 = 需要跟注的 / （需要跟的 + 能赢的）

举个例子：

对手在100的底池中下注100。

需要跟的100/（需要跟的100+能赢的200）=1/3 ≈ 33.3%

也就是说对手下注一个底池，我们有33.3%的胜率即可跟注，有些初学者会把它和防守频率搞混，千万不要当成50%。

这里的33.3%是与胜率相比较的，也就是说你估计你的牌面对对手的胜率高于此即可跟注，低于此即可弃牌，这显然是防守中最为直观、最为本质的思维方式之一。

于是多年前的书籍资料会告诉我们,遇到对手下注不要慌张,先算一算需要的胜率,再拿自己的胜率和赔率进行比较即可得出答案。在德州扑克理论已经发展得较为先进的今天,这种思维方式依然有极大的活力与可行性,那我们就来详细地讨论一下各种情况的胜率估算。

If you know poker, you know people; and if you know people, you got the whole world lined up in your sights.
如果你了解扑克,那么你就了解人;如果你了解人,那么整个世界都向你敞开。

——*Brett Maverick*

2. 胜率

算出了我们需要的胜率,接下来我们需要估算自己的胜率,一般来说胜率估算有以下三大类别。

1)手牌对手牌

如果我们知道自己的手牌与对手的手牌,计算胜率是一件非常简单的事情,我们只需要背诵如下的表格。

对阵情况	例子	胜率
一对 vs 两张低牌	AA vs KQ	86%
大对子 vs 小对子	AA vs KK	82%
前者踢脚牌统治后者	AK vs AQ	74%
对子 vs 高低牌	KK vs AQ	71%
两高牌 vs 两低牌	AK vs 98	64%
高低牌 vs 两中牌	AT vs KJ	60%
低对 vs 两高牌	99 vs AQ	55%
两高牌 vs 低对	AJ vs TT	44%
两活牌 vs 两高牌	87 vs AK	38%
垃圾牌 vs 高牌	72 vs QJ	32%
高低牌 vs 口袋对子	AT vs KK	30%
前者踢脚牌被后者统治	A9 vs AQ	27%

2）手牌对范围

一般来说，我们知道自己的手牌，却不容易准确估算出对手的手牌，只能估计出大致范围，所以学习手牌对范围胜率的计算方式是很有必要的。这种计算一般来说需要借助软件，市面上有很多这类软件，如 Pokerstove 等。多模拟情况计算一下，就能有大概的感觉，这非本书重点，就不再赘述。

3）翻牌后胜率估算

计算翻牌后的胜率相对于翻牌前较为简单，因为公共牌至少已经发出三张，我们只需要计算落后方的出牌数除以剩余牌堆的张数就可以了，这里简单给大家介绍一下最基本的二四法则和所罗门法则。

德州扑克中的二四法则和所罗门法则都是用来计算成牌概率

的，二者的计算规则如下。

假设出牌（Outs）数量是 X（基础分析不考虑对手的手牌和再听牌的情况，下同），则：

A. 二四法则

一条街的成牌概率 $\approx X \times 2 \times 1\%$

两条街的成牌概率 $\approx X \times 4 \times 1\%$

B. 所罗门法则

它是对二四法则的修正，一条街的情况和二四法则没有区别，两条街的时候当出牌数量大于或等于 9 的时候，要在二四法则基础上加一个修正项，即

两条街的成牌概率 $\approx [X \times 4 - (X-8)] \times 1\%$

通过这种方式我们能轻松地估算翻牌后的胜率。如果对这方面不理解，我在附录 A 中还有介绍，你也可以随意搜一搜相关文章和视频，应该会对计算胜率大有收获。

那么是否把胜率和赔率相比较就能解决防守问题了呢？显然不是，接下来我们就来探讨一下这种思维方式的问题和不足。

The commonest mistake in history is underestimating your opponent; happens at the poker table all the time.

历史上最常见的错误是低估对手，在牌桌上也一样。

—— *General David Shoup*

3. 隐含赔率与反向隐含赔率

我们先来看赔率这个概念。德州扑克和一般的押注游戏最大的不同就是它在翻牌后进攻方有多次下注机会，即使你跟注，游戏并未结束，而是来到了下一条街，因此你在一条街上行为的期望值并不能简单计算，还需要考虑后续行动的可能性。在赔率这个概念里就有隐含赔率。

假设你的对手下注，但是这个下注不会逼你全下，如果你跟注并且在下一条街击中，你就有可能再赢些筹码，即使你没有击中，你也不会继续投入了，那么这部分额外赢得的筹码份额就是所谓的隐含赔率。

反之，假设你的对手下注，但是这个下注不会逼你全下，如果你跟注并且在下一条街没有击中，不得不继续投入筹码，从而损失更多，这额外输出去的筹码份额便是反向隐含赔率。

说到这里，有些教材就会大量举例并且给出隐含赔率和反向隐含赔率的估算方法，10年前我在看各种资料学打牌的时候经常被这些内容搞得头昏脑涨。事实上，即使你天资卓绝，你也不太可能在牌桌上清晰地计算隐含赔率和反向隐含赔率，但这两个概念的导出却导致了胜率、赔率这种计算方法的准确性遭到了毁灭性的打击。

4. 读牌失效与胜率的计算难度

由于过去10年计算胜率、赔率这种思维方式的盛行，准确地估计自己的胜率便成了那些顶尖高手的必修课。顶尖高手在一局局的游戏中培养自己对对手的手牌范围的感知，而要想把胜率估计得准确就离不开读牌，也就是尽可能准确地读出对手的手牌范围。

如对手在 AQ952 的牌面上下注满池，那我们就需要 33% 的胜率才能跟注。如我们手中持有 KK，我们便要去猜测对手的手牌范围。顶尖高手以能够把对手的手牌范围定死在较少的组合为荣。

8 年前我在学习德州扑克的时候曾拜访过当时国内的一位顶尖高手，他在类似的牌面上只用了 5 秒钟就告诉我对方不是 AK 就是 AQ，于是潇洒地弃掉了 KK。在对手真的亮出 AK 以后，你应该不难想象我的瞠目结舌。

斯杜·恩戈（Stu Ungar）被许多人认为是有史以来最伟大的德州扑克选手，他是连续三届 WSOP（世界扑克系列赛）主赛冠军获得者，在其中的一届比赛打到单挑时，他居然拿 T 高抓鸡并且在对手亮牌前就断言对手不是 78 就是 67，最后拿下冠军，这种神明下凡般的读牌能力不禁令人嫉妒。

但在 2020 年以后，这种把别人手牌的组合定在几个之内的人几乎销声匿迹，人们更加注重范围中的平衡与线路的合理性。更多玩家每次在做出大的价值下注的时候，开始思考在同样的情况下自己用什么其他组合来诈唬去防止对手读出牌，特别是随着各种电脑解算类软件的普及，玩家开始模仿 AI 采取全范围下注、全范围过牌等朴实无华却难以战胜的策略，一时间许多课程都大谈特谈这种打法的好处与简便性，这使得读牌越来越难。随着各种各样更加高效的解算类软件兴起，大家不再对传统的估算胜率的方法抱有兴趣，这也使得估算胜率越来越难。

对手的范围的不确定性、估计胜率先天的不可实施性，都令这种最古老有效的思维方式难以在今天的德州扑克游戏中占据一席之地，这个时候，一种更加简便快捷、操作性更强的思维方式与理论诞生了！

> *If you can't spot the sucker in the first half an hour at the table, then you are the sucker.*
> 如果你进入牌桌 30 分钟还没找到鱼，那么你就是鱼。
>
> —— 电影 *Rounders*

5. 最小防守频率

在进攻的思维模式推演中，我们详述了怎样将思考从手牌维度上升到范围维度。人们就想，如果我不拘泥于读出对手的准确范围，而是首先保证自己的防守范围不被剥削岂不就万事大吉了？于是，当时顶尖的玩家做了这样一种匪夷所思的假设，就是默认对手只要下注，全部是没有摊牌价值的诈唬。如果我们连对手这种极其差劲的进攻策略都不能有效对抗，那么我们的防守一定是极其差劲和软弱的。我们把对手诈唬所需要的弃牌率称为弃牌赢率，而把我们的防守频率称为最小防守频率（MDF）。

弃牌赢率之于最小防守频率正如阴之于阳。在德州扑克中，人们总是围绕着这两个元素而战的。为使诈唬有利可图，对手需要足够的弃牌赢率。Hero 需要足够的防守来阻止对手做这种有利可图的诈唬。

最小防守频率是指 Hero 需要多大防守频率才能阻止对手用任意两张牌诈唬盈利。

如果对手下注半个底池，他需要 Hero 在弃牌赢率为 33% 的时候弃牌才能盈亏平衡。换句话说，Hero 需要在 MDF 为 67% 时防守，才能阻止对手用任意两张牌做有利可图的诈唬。

以下是对手不同下注尺度时我们的最小防守频率（MDF）：

对手下注尺度	MDF
2Pot	33%
1Pot	50%
75%Pot	57%
66%Pot	60%
50%Pot	67%
33%Pot	75%

于是，一种全新的思维方式诞生了！在对手下注后，我们不需要再抓耳挠腮地判断对手的手牌范围，而是开始在大脑中估算及排列自己手牌的强度，只要自己的手牌在范围中的前百分之多少，就必须跟注来防止对手用任意两张牌诈唬。

最小防守频率这种思维方式最为大众诟病的就是它的前提假设，现实中显然没有人会把下注范围设计成全部诈唬，因此很多人认为这种假设推理出来的最小防守频率没有意义。这种理解显然很符合大众认知与直观感受，但是这种对最小防守频率的攻击显然站不住脚。

根据纳什均衡理论，如果双方均使用最优策略达成纳什均衡，那么对手不管用什么策略都无法获益。因此如果我们的防守策略不能战胜对对手全是诈唬的假设的策略，那么也就不可能是最优策略，这是显而易见的反证法逻辑，却并不容易被德州扑克爱好者理解。因为他们更倾向于直接找到最优策略而不是不差的策略。孙子说：知己知彼，百战不殆。若能读出对手的准确范围，我们自然可以百战不殆。可是当读不出对手的准确范围时，若想不殆，就只能假设对手所有可能的策略且我们的策略都能战而不败。

最小防守频率的妙处还在于，它巧妙地设计了防守范围的临界值。假设对手不采取全部是诈唬的策略，那么我们的防守频率一定高于最小防守频率，因为只要对手有一点点强牌，我们就不需要防守那么多牌，根据纳什均衡理论，这使得最小防守频率变成了GTO防守频率。

> Being able to pit your wits against hundreds of other people is really exciting and ultimately the biggest single challenge for a poker player.
> 可以用自己的智慧对抗几百个人的确让人兴奋，这也是一个牌手的最大挑战。
>
> —— Tim Page

6. 最小防守频率的谬误

事实上，MDF 可能是整个德州扑克理论中最有争议性的，因为它极其奇葩的前提假设和令人瞠目结舌的结论与一般高手的直觉相去甚远。在以读牌为主要手段的年代，紧凶型玩家被认为是牌桌上最难对付的玩家，他们尽量少入池，而一旦入池就使用相对激进的策略。跟注站被认为是最差的玩家，他们是经常拿中等或中等偏差的牌被动游戏的人，这类玩家一旦坐在桌子上，就成为被各种高手"啃食"的对象。

而最小防守频率的思维方式却告诉我们，当对手下注尺度为底池的 33% 的时候，我们需要用前 75% 的牌进行防守，只能放弃后 25% 的牌。要知道两张散牌在翻牌时击中对子的概率也就是 1/3 左右，75% 的防守频率要求我们必须防守诸如 A 高、后门同花听牌、后门顺子听牌等差牌，这简直就是在过去最被诟病的跟注站的典型打法。2016 年我曾要求我的学生用最小防守频率防守，即使牌风最为凶狠激进的学生也会觉得过犹不及。事实上，如果没有很高的水平和相配套的转牌、河牌策略加以配合，这么高的防守频率往往会使自己顾此失彼。同样地，最小防守频率从来不考虑位置的问题，不管自己有没有位置优势，都按照同样的频率加以防守显然是不合时宜的。同时，由于对手根本不可能真的从不在下注范围里放价值范围，这种思考方式也有反向剥削自己的嫌疑。

那么这种思考方式真正的问题在哪里呢？我们要回到其前提假设，玩家们攻击它"对手每次都诈唬"的假设当然有一定道理，可事实上更让最小防守频率黯然失色的是鲜有人提起它的隐含假设。

假设对手每次都下注一个底池，他的弃牌赢率是 50%，因此我们至少需要 50% 的防守频率，这好像是非常容易得出的显而易见的结论。可问题在于，双方的范围、位置本就不对等，按照最小防守频率操作固然可以不吃亏，可如果我们本身就有权益或者位置的劣势呢？

《孙子兵法》中写道："故用兵之法，十则围之，五则攻之，倍则分之，敌则能战之，少则能逃之，不若则能避之。故小战之坚，大战之擒也。"稍微有经验的玩家都很容易有这种感觉：当自己是进攻方时，积极主动很容易打出好牌；当自己为防守方时，被动应战处境艰难，特别是如果进攻方还有位置优势，这更让防守方痛不欲生。最小防守频率事实上有一个默认的假设，那便是我绝不能吃亏，也绝不让对手占便宜，这才是好的策略。这显然不符合"少则能逃之，不若则能避之"的战争哲学。

我们通常用双方兵力的多少来描述战争双方力量的强弱，如果把攻防双方的博弈当成一场战争，权益显然是描述这场战争的首要因素，位置、坚果优势、玩家的水平差距、双方范围的极化程度等便是这场战争的次要因素，而最小防守频率没有考虑这些因素就把战争的目的准确地定义成我绝对不能吃亏，就有点赢了战争，输了战略的味道。这才是最小防守频率思维方式的真正谬误。

> *Every cent of your long-term profit playing poker comes from exploiting your opponents' errors and predictable tendencies.*
>
> 德州扑克的长期利益来自对手的错误和可预测的趋向。
>
> —— David Sklansky

7. 构建在范围维度上符合逻辑的思维方式

虽然最小防守频率的思维方式在战略上考虑得不够清晰准确，但它仍是在战术维度上既具有优秀解释度，又具有良好可操作性的思考方法。我们只需要在此基础上修修补补就能形成正确有效的思维方式。换个角度来看，假设攻防双方范围正好达成均势，那么最小防守频率就是当前博弈的最优防守频率。

在解决了防守频率问题之后，还有一个问题我们之前从未讨论过却极其重要，那就是我们需不需要在跟注范围中加入一个再加注范围。在防守范围中构建再加注范围实质上就是一种变相的进攻。作为防守方，我们的范围与对手相比几乎不可能有权益，因为那样的话对手便不会轻易下注，即使下注也是用极低频率和极化范围，这就使我们又变成了权益劣势方。由于权益决定频率，因此一般来说，我们不会选择再加注一个宽泛的范围。

决定要不要再加注的逻辑事实上与进攻逻辑别无二致。一般来讲，我们的权益劣势越小，我们就应该用越高的频率反击。至于反击的尺度亦符合下注的规模理论，甚至在个别特殊牌面，我们应该完全摒弃跟注选项，而采取要么加注、要么弃牌的极端策略。

反击与进攻不同的一点是，位置因素的重要性被提高。当我们位置好的时候，为了延续位置优势，我们更希望通过被动的打法跟对手纠缠多条街；当我们位置不好的时候，我们更希望通过更多的反击来减少位置劣势。其中的复杂性和门道，即使个中高手也经常在研究的过程中头痛不已。

根据以上推断，我们就得出了最小防守频率思维方式：

（1）计算最小防守频率。

（2）根据权益等因素调整。

（3）判断是否反击。

（4）确定反击频率。

（5）确定反击尺度。

（6）挑选手牌。

值得一提的是，跟进攻思维不同，这种防守思维看似复杂，却比多年前盛行的方法简单易行。读牌并计算赔率、胜率的难度之大，只要是稍有经验的玩家都有体会，即使是游戏多年、经验丰富的顶尖高手，也只能靠微妙的感觉。可是用这种思维方式，只要把手牌组合多加以排列训练便能进步神速，如果有软件辅助和更加详细的训练指导，你很快便能成为个中高手。即使你不那么熟练，按照感觉也能估计出自己手牌的大致强弱势。

与一般的常识不同，普通玩家总会犯的错误是抵抗过少而不是过多，因此，不断地用最小防守频率的思维方式审视自己是否抵抗得太少是很有必要的。如果你因此觉得有多种情况极为棘手，多半是因为你没有根据权益等因素调整到位或者打得过于被动。

抵抗的频率高并不意味着成为跟注站。在不利的博弈关系中，我们需要降低防守频率，使得我们不攻守失据，诸如在 BB 防守 BTN 100BB K72 的牌面上，一般防守方会降低 15% 的防守频率来弥补权益和位置上的劣势。如果情况更不利，那么需要调整更多。

当然也不是任何情况都要降低防守频率，在一些对我们比较有利的情况下，我们必须按最小防守频率足额防守，甚至更多。如果你经常研究解算类软件，就会发现在大部分双方权益差不多的情况下，我们都应该按照最小防守频率足额防守。当我们在具有优势时遭到 Donk 等不讲理的进攻时更应该誓死抵抗。

大部分玩家对此感到不适并且大量输掉底池的原因之一是，在足额防守后玩得过于被动。在防守时我们要保持反击频率，同时，我们还需要以下条街 Donk、河牌 Lead 等多种方式给进攻方制造压力，争取变被动为主动，这是非常关键的。

更多教程视频请关注 B 站 UP（upload）主"教练说德州"。

8. 比赛前期 100BB BTN vs BB 的一些防守例子和简单分析

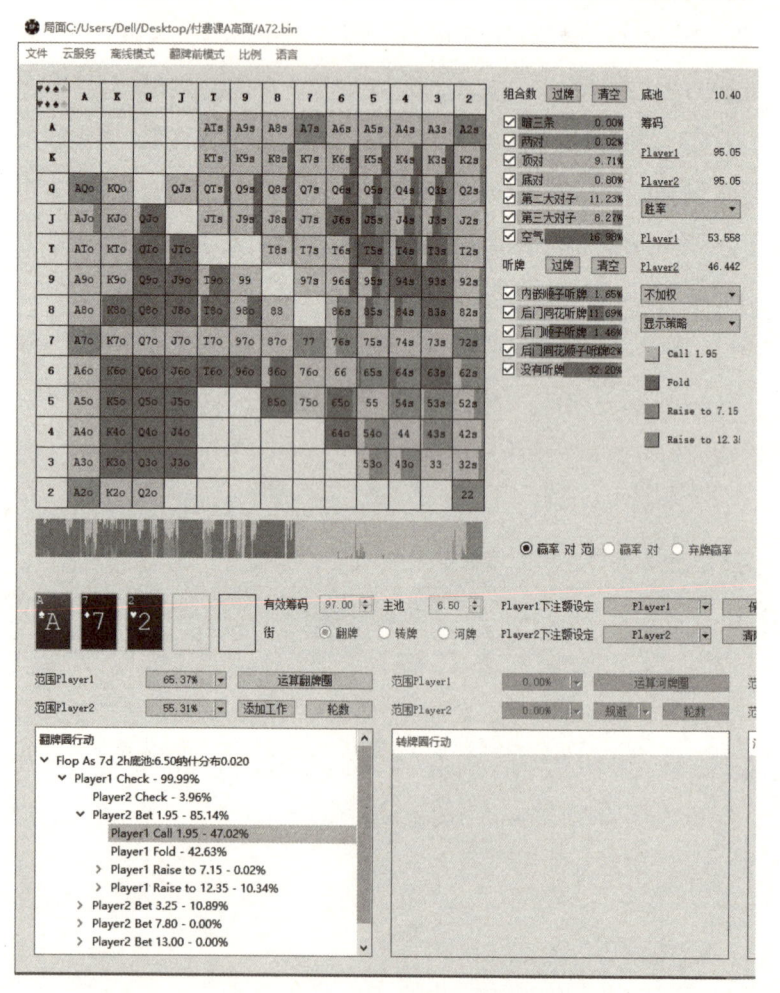

在 A72 中，面对对手 1/3 下注，我们需要把防守频率从 MDF 的 75% 降低到 57%，并且由于我们两对 Set（暗三条）的组合并不比对手弱，为了弥补位置劣势，我们构建了 10% 的反击范围。

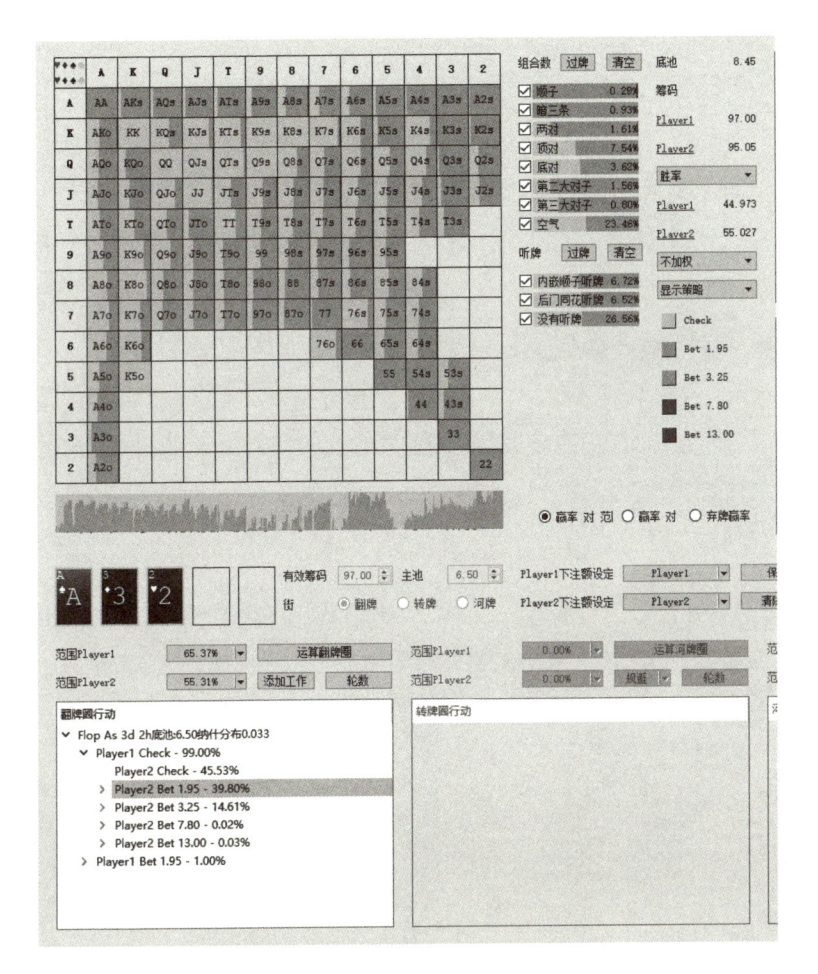

在 A32 中，由于我们的权益小很多，所以防守频率提高到将近 70%，仅仅比 MDF 少了不到 7 个点。

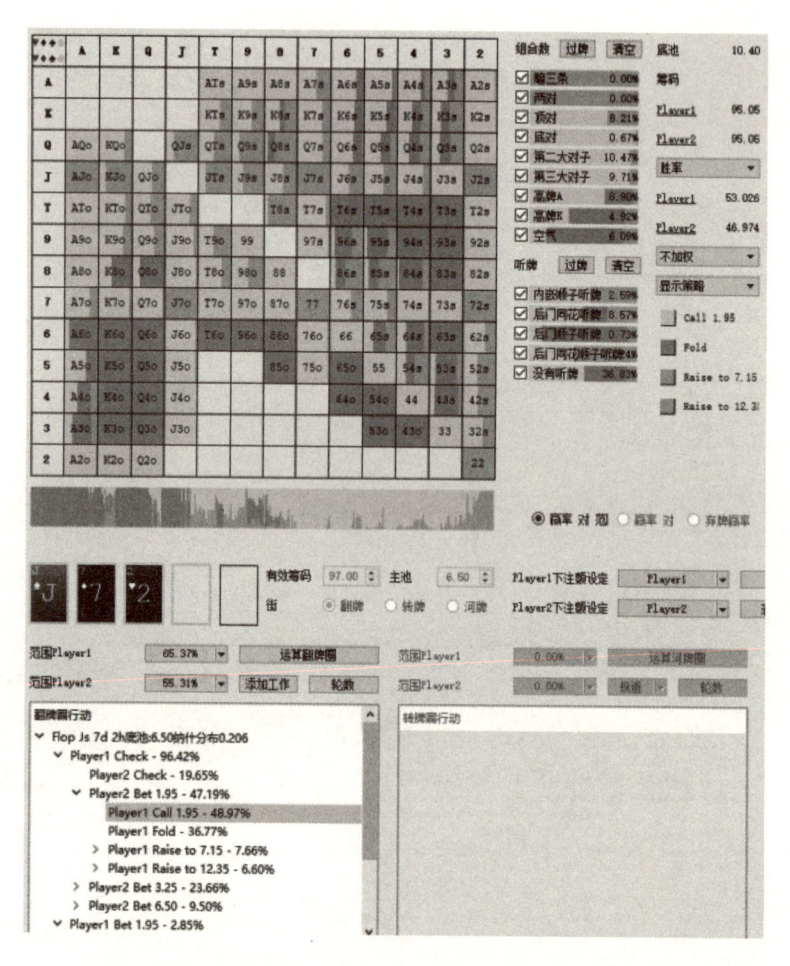

在 J72 中，我们的防守频率为 64% 左右，比最小防守频率下降 11 个点，但是过牌加注频率却将近 15%，这也是下注规模理论很好的应用案例。

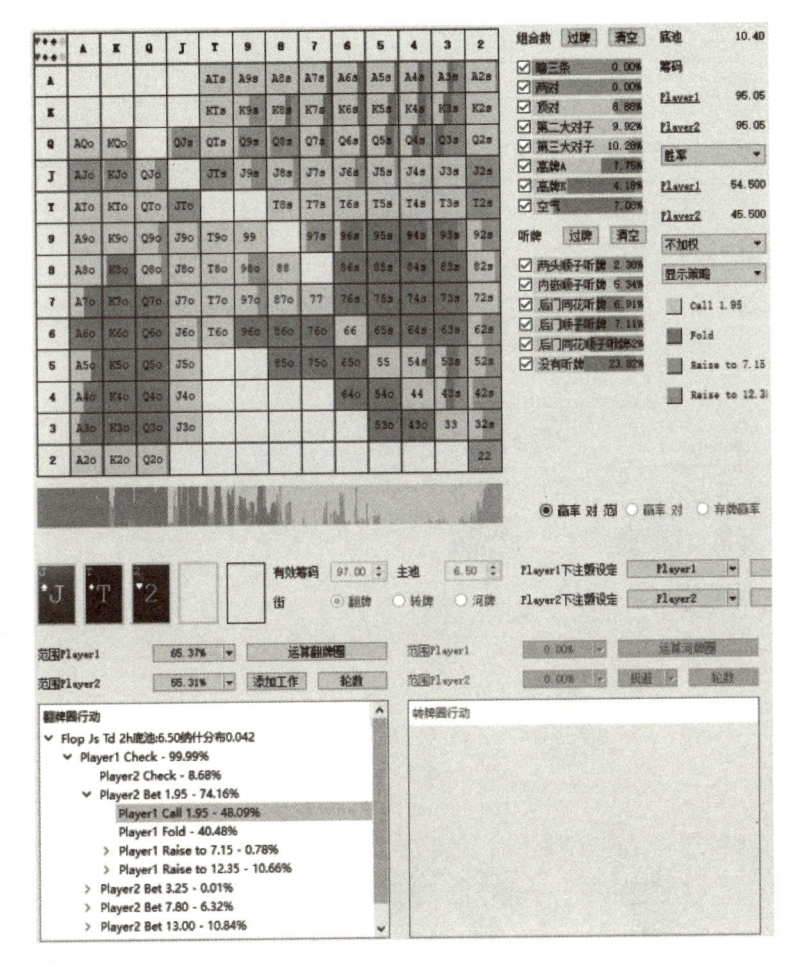

JT2 和 J72 在防守上几乎如出一辙，只是因为对手中等牌力稍微强了一些而降低了一点点防守频率。

第五章

问与答

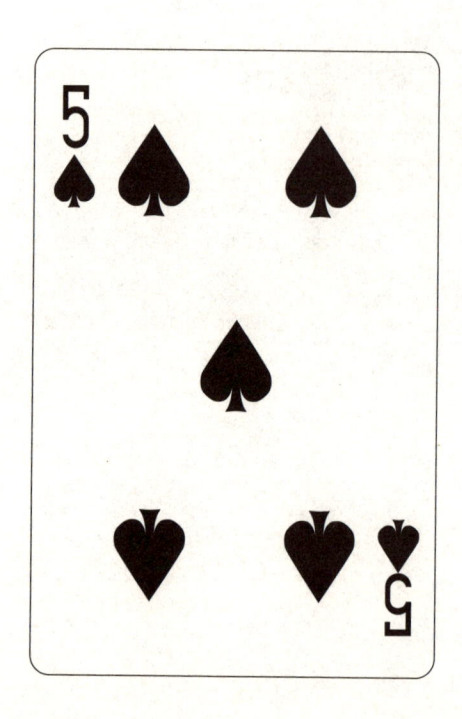

Q1：关于德州扑克是不是赌博，你怎么看？

A：我刚刚想做职业牌手那会儿，这也是我爸我妈反复问我的一个问题。在中国人的传统观念里，这种游戏跟赌有很紧密的联系。但我对这个问题的理解是：要看你对赌的定义是什么。

我们中国的文化，其实有一点跟西方不同，它大都习惯于二元对立。比如有人问：到底是不是赌博？一部分人说是，另一部分人说不是。其实我倒觉得没有那么二元对立。什么是赌呢？如果按《新华字典》的说法，有运气成分，或者说运气成分大于技术含量，就叫赌。如果我们能通过技术去控制运气，那可能我们就管这叫技术。但是这个东西到底怎么去界定，到底什么叫技术含量，什么叫运气成分？

德州扑克这个游戏，长期来讲，当然是技术远大于运气成分的。比如说，在我前五六年的职业生涯中，没有一个月盈利是负的，但是，前提是我进行了大量重复练习，那么你说这算不算赌呢？我觉得你说算和不算都可以。

算不算赌博，取决于你对赌是怎么定义的。对于我而言，它显然不算赌，因为我对赌的定义可能跟大部分人不一样。

我认为赌是"在心不在行"，就是在心态不在形式。你如果心态上觉得这个东西是赌，那你其实什么都可以赌。你如果愿意赌，你去买彩票，去买股票，都可能输掉所有身家。

我觉得对于你来说，当你做出某个决定，而你对其风险并不能承受的时候，那显然就是在赌了。如果你能承受风险，并且非常明白它是怎么回事，那么这就是一种人生的体验。

如果我们单从盈利的角度来考虑，那就很简单了。单场的游戏一定是赌，其实我觉得跟买股票啊什么的也一样，你说巴菲特一只股票拿10年算赌吗？德州扑克也像体育比赛，至少2 000场比赛的样本才有意义。

当样本无限大的时候，最终的结果会趋近于投资回报率。比如拿我来讲，我统计了一下，我这10年投资回报率大概是15%。从大样本量的角度来说，德州扑克显然是一个技巧远大于运气的游戏，但如果样本量少，它显然就是运气远大于技巧的游戏，所以我觉得大家对"赌"还是要正确认识。如果你的心态是赌，你人生中做任何决策都是在赌；如果你能够接受决策给你带来的风险，并且能够正确地认识这个游戏，就不能算赌。赌在心态，不在行为。

Serious poker is no more about gambling than rock climbing is about taking risks.

正规扑克的冒险因素不比攀岩的冒险因素多。

—— *Alfred Alvarez*

Q2：玩德州扑克赢得比赛的快乐远远小于输掉比赛的痛苦，这种感觉应该如何克服呢？

A：事实上任何比赛赢的快乐都远远小于输的痛苦。在心理学上，有一个概念叫作损失效应。研究发现，人在失去一样东西时感受到的痛苦比他得到这样东西时感受到的快乐要大 2.5 倍。

也就是说，如果你丢了 1000 元钱的话，那你需要捡到 2500 元钱，才能平衡你内心受的伤。损失效应是人的本性，要想做到心态平和，就要有强大的自律来挑战这种本性。范仲淹说的"不以物喜，不以己悲"是何等高的境界啊。

孟子培养平常心的方法是培养浩然之正气，要领是"必有事焉，而勿正，心勿忘，勿助长也"。也就是说要时时刻刻挂念着它，又不能操之过急，强加干预。对于打牌而言，我认为就是要不计较得失，只在乎决策对错。只有达到这种境界才能真正放下得失心，不在乎一局游戏的胜负，而取得长期游戏的胜利。

Q3：在牌桌上常常有人赢下底池后亮牌给我看，我是否也应该亮牌给他看呢？

A：正常来讲，永远不要无故亮牌给对手。德州扑克归根结底是信息游戏，你并不能像电影里的主角那样亮牌是为了后面某次行动的布局，毕竟在这种复杂的博弈游戏中，主动亮牌给对手就像在战场上主动把武器交给对手。如果他要求你亮牌，你可以说："对不起，我从不亮牌。"

> Poker: the art of civilized bushwhacking.
> 扑克：文明的战争艺术。
>
> —— Nick Dandalos

Q4：你在牌桌上最讨厌什么样的玩家？

A：我最讨厌没有礼貌的玩家，特别是有些人比赛顺利的时候笑嘻嘻的，一旦运气不好就开始脏话不断，在牌桌上乱发脾气。要知道德州扑克不是一个人的游戏，在牌桌上没有礼貌会影响其他人的游戏体验，这是非常不道德的行为。这其实是那些人心理非常脆弱的表现，一个生活中强大的人绝不会在牌桌上失礼。尊重别人就是尊重自己。

特别可恨的是这些没有礼貌的人严重影响了德州扑克在公众心中的形象，让这个游戏不被主流所接受。

我就在赛场上多次遭到辱骂，游戏体验非常差。特别是由于我有一定的知名度再加上游戏风格比较激进，很容易遭到"特别对待"，而裁判有时做得不好，那些粗鲁的选手没有得到应有的惩罚，大多只是口头警告了事。在一次比赛中，我就遭到了威胁，跟我同桌的一个年长玩家在输掉一个大底池后对我不断羞辱，甚至还扬言要在赛后"教育教育"我，这个玩家不但没有遭到任何惩罚，居然最后还夺了冠，郁闷的我一段时间都不愿意参加现场比赛。看来我还是要反思自己有没有做到"不以物喜，不以己悲"。

Q5：假设有人下注特别大，我应该如何对付？

A：不去读自己的牌，根据最小防守频率思维方式一步一步地分析，先设计出自己不被剥削的防守策略，再去思考对手这种大注是否存在不平衡的地方，是否想剥削他人。对手下注需要的平衡比例可以在附录 A 中查询。

大部分人在对手明显偏离 GTO 打法后就完全不去思考 GTO 策略，他们认为 GTO 策略只在对高手时有用，事实上这是严重错误的。越是奇葩打法、花里胡哨的，我们就越难猜到对手手牌。GTO 策略就给了我们一个很好的锚定，它至少不会让我们吃亏。不思考 GTO 策略而直接设计剥削策略，是难度非常大且极其容易适得其反的做法。

> 德州扑克所需要的最重要的技能就是做决策，而做决策就需要思考。人类的逻辑思维主要有两种：归纳法和演绎法。不理解这两种思维方式的误区与优劣，是不可能真正理解德州扑克的思维方式与理论的。

Q6：为什么说德州扑克是最难的游戏？奥马哈组合更多，难以总结成定式，不是更为复杂吗？

A：打德州扑克的难度不在于推测手牌组合和计算听牌胜张，那些在有一定经验后均可找到定式。打德州扑克真正的难度在于精确地衡量风险与回报。

奥马哈由于手牌有4张，它的最终牌力远胜于德州扑克，以至于奥马哈成为坚果成牌和坚果听牌的战斗。特别是在深筹码中，追求第二坚果都意义不大，这就使得玩奥马哈的时候只需要考虑怎样把对手套进来，坚果听牌只希望以尽量少的代价去听牌以及有好的隐含赔率。但是德州扑克大不一样，我们拿到的牌极少可能是真正的坚果，我们需要被迫玩大量的中等成牌和听牌，这就使德州扑克有更高的难度与复杂性。

Q7：有必要刻意平衡自己的打法吗？

A：如果对手是弱手，那么完全没有必要，他们可能根本不在意你干什么，过分追求平衡是很多解算类软件严重中毒者的表现。但如果你面对的是高手，平衡就很有必要。

特别要说明的是，很多人理解的平衡并不是真正的平衡，诸如你拿到AA有时候Limp，有时候加注，这并不叫平衡，因为站在对手的角度，你的这种做法毫无意义。所谓平衡，是站在对手的角度看你的打法，比如说你拿到AA总是Limp，只要你偶尔拿56s也这么做就好。还记得前面GTO策略的假设吗？双方互相知道彼此的策略正是GTO策略的假设，因此GTO策略的设计是绝对平衡的。

可事实上对手并不可能完全知道我们设计的策略。

因此在实战中平衡的意义需要你自己去判断，这也是 GTO 策略决然不是最优策略的根本原因之一。

Q8：在设计范围的时候，高频就要小注，低频就要大注，这种说法对吗？

A：大部分时候是对的，但也有例外。

比如在某些没有权益、没有坚果优势，但是你自己中间范围明显比对手强的时候，你可以低频小注。这也是德州扑克有了下注的局部优势理论后才能合理解释的情景之一。

在我的付费会员课中这是我讲的重点内容之一，你如果想具体了解，可以加我小助理的微信 dzbest168。

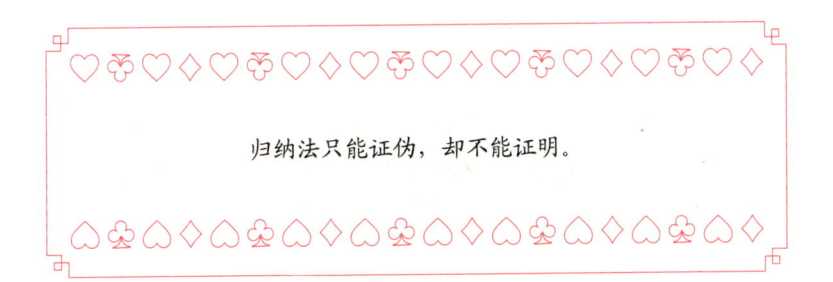

归纳法只能证伪，却不能证明。

Q9：这本书只讲了理论和思维方式，我该怎样把它们应用于实战当中呢？

A：事实上，由于德州扑克的复杂性，理论被广泛地应用于实战并不容易，这需要大量的训练与对基本博弈关系的理解。本书只是以理论变化为主线进行了框架性的梳理，即使你了解了，与成为高手仍有千里之隔。竞技游戏想要玩得好，还是需要大量刻意练习的。

但本书也给了这种练习以指导，以两个维度、六大思维方式为理论根据去深挖五大博弈关系中八大牌面的基本策略及玩法，便是后续想要深刻理解理论并应用于实战的第一步，你可以用基础范围表加上市面上的主流翻牌后计算软件尝试着各个击破并总结规律。这是我在做职业牌手时每天必做的训练科目，你也可以学习我的更多课程来节约时间。

Hold'em is a game of calculated aggression: if your cards are good enough for you to call a bet, they are good enough to raise with.
德州扑克是一个进攻的游戏，如果你的牌好到可以跟注，那么就可以加注。

—— *Alfred Alvarez*

Q10：你觉得玩德州扑克的初学者们比较容易在哪些地方犯错呢？

A：新手往往会没有那么多耐心去等待一手好牌，假如连续长时间弃牌，他们会沉不住气，开始用一些没有价值的手牌入池，而德州扑克是一个极其考验耐心的游戏，没有耐心最好不要玩。

在牌局中，一定要控制住自己的情绪，而不是被情绪操控，特别是牌局波动大的时候，很多新手玩家会意气用事。这里特别提示一下，打牌的时候别听歌，歌曲的旋律或多或少会影响人的心态，不要高估自己对情绪的控制能力。

德州扑克不同于其他游戏，它集数学、心理学、身体语言、自我控制甚至兵法等于一体，虽然它的规则相当简单，但无论你认为自己有多优秀，在德州扑克上，总有需要改进提高的地方。完全依靠自己的经验打牌太过于闭门造车。"他山之石，可以攻玉"，别人的经验、书本上的知识、网络中的信息、最新的理论和策略，这些都可以多多学习。比如，我的课程里就有很多最新的理论，可以让初学者和爱好者们少走弯路。你如果想具体了解，可以加我小助理的微信 dzbest168。

附录A

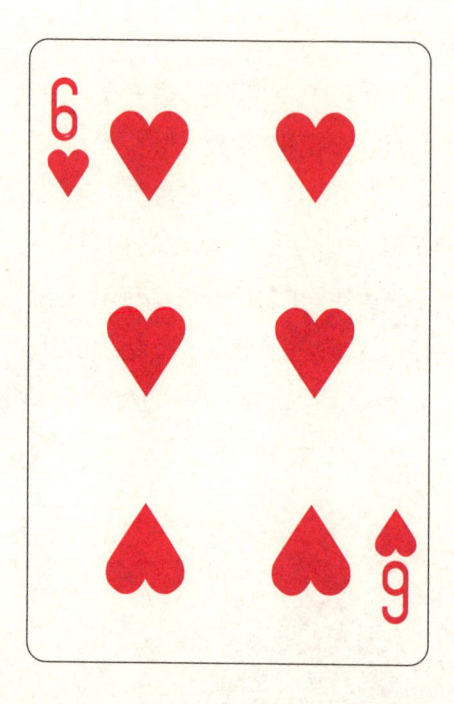

一、德州扑克基本术语

1. 基本术语

Air：空气牌

Any Two Cards：任意两张牌

Bet Size：下注尺度

Blocker：阻挡 阻隔

Board：发的公共牌

Call Station：跟注站

Cooler：冤家牌

Dealt：发牌（分配）

Dominate：压制 统治 主导

Donk（Lead）：反主动下注（领先下注），翻牌、转牌、河牌时均可

Equity Realization：底池权益实现 / 胜率实现

Equity：底池权益 / 胜率

Expected Value（EV）：期望值

First In：首入

Flush：同花

Full House：葫芦（也称 Boat）

Hero：以第一视角、读者、我们、正派、主角

In Position（IP）：有利位置

Merge：融合/混合范围（也就是线性范围）

MTT：多桌联赛

Naked Trips：明三条

Nuts：坚果牌

Out of Position,（OOP）：不利位置

Post-flop：翻牌后

Pot：底池

Pre-flop：翻牌前

Probet：试探性下注

Pure Bluff：纯诈唬

Quads：四条

Repeat：重复

Royal Flush：皇家同花顺

Semi-Bluff：半诈唬

Set：暗三条

Showdown Value：摊牌价值

Squeeze：挤压 压榨

Stack：筹码/一摞/一堆

Straight Flush：同花顺

Straight：顺子

Villain：对手、反派、敌人

> It's morally wrong to let a sucker keep money.
> 不去赢一条鱼，是不合乎情理的。
>
> —— Canada Bill Jones

2. 牌手行动

3Bet Jam/3Bet Shove, Reshove/Rejam：在某人已经加注后全压

3Bet/3B：在某人加注后再加注

All In/Push：全压

Bet：下注

Call：跟注

C-Bet（Continuation Bet）：持续下注

Check X：过牌

Cold 4Bet：冷 4Bet（非初始加注者做出的 4Bet）

Cold Call：冷跟注（在有利位置跟注一个加注）

Donk Bet/Lead Out：反主动下注/领先下注（在不利位置的牌手对之前下注回合的进攻者下注，拒绝他的持续下注选择）

Limp：跛入

Mini Bet：最小下注

Mini Raise：最小加注

Open Shove/Open Jam：率先全压（在你前面无人入池时全压）

Over Bet：超池下注

PFR（Pre-Flop-Raise）：翻牌前加注入池

Raise：加注，加注也叫 2Bet 或 2B，因为盲注被视为 1Bet

Resteal：反偷盲，在某人偷盲后 3Bet

RFI (Raise First In)：通过加注首先入池，这个加注也叫作率先加注 (Open Raise)

Slow Play/Trap：慢玩（用一种被动方式游戏一手强牌，希望引诱来自差牌的价值下注或诈唬）

Squeeze/Sqz：压榨加注（在某人加注且其他人跟注后 3Bet）

Steal：偷盲在按钮位置、关煞位（CO）或小盲位率先加注

VPIP：主动投入资金到底池（除盲注外所有入池都算，投入盲注不被视作 VPIP，因为盲注是强制下注，非主动下注）

打扑克也许是一场心理战、一种艺术形式或一种生活方式，但归根结底它只是一种游戏，一种以追求赢为终极目标的游戏。

—— Anthony Holden

3. 行动线

Bet/Bet (B/B)：连开两枪

Bet/Bet/Bet (B/B/B)：连开三枪

Check/Call (X/C)：过牌，然后跟注对手的下注

Check/Fold (X/F)：过牌，然后对对手的下注弃牌

Check/Raise (X/R)：过牌，然后对对手的下注加注

Limp/Fold (L/F)：跛入入池，然后对加注弃牌

Limp/Raise (L/R)：跛入入池，然后在别人加注后再加注

Line：线，指牌手采取的特定顺序的一系列下注行动

哲学家的事业在于追究所谓自明的东西。

—— *Immanuel Kant*

4. 扑克牌的黑桃、红桃、梅花、方块表示法

S：Spade，黑桃♠

H：Heart，红桃♥

C：Club，梅花♣

D：Diamond，方块♦

> 大家都说扑克是个零和游戏，这话没错，因为每次打牌我的和都归于零。
>
> —— Max Shapiro

二、一些重要的数学概念

1. 补牌

补牌（Outs）是指可以改进你牌力（成为获胜牌）的未发出的牌（这里为了便于理解，简化模型，不考虑对手手牌，假设听牌都是有效的补牌）。

附录 A

扑克局面	补牌数（张）
小暗三条 vs 大暗三条	1
低对改进成暗三条	2
被统治对子改进成两对	3
卡顺听牌 / 两对改进成葫芦	4
一对改进成两对或明三条	5
两张高牌改进成一个对子	6
暗三条改进成葫芦或四条	翻牌圈 7 张，转牌圈 10 张
两端顺子听牌	8
同花听牌	9
带两张高牌的卡顺听牌	10
带卡顺听牌的同花听牌	12
带两张高牌的两端顺子听牌	14
两端顺子同花组合听牌 / 带两张高牌的同花听牌	15
两端顺子听牌 + 同花听牌 + 两张高牌	21

最简单的听同花：补牌数 13−4=9（张）。

双头顺子听牌：补牌数 4+4=8（张）。

单卡顺：补牌数 4 张。

双卡顺：补牌数 4+4=8（张）。

听两高张：补牌数 3+3=6（张）。

听单高张：补牌数 3 张。

混合听牌（花顺双听 + 听高张）：补牌数为各类补牌数加和。

2. 一些重要的听牌概念

当考虑听牌局面时，牢记以下概念很重要。

死补牌（Dead Outs）：死补牌指在改进你的听牌的同时，也把对手的牌改进成一手击败你的牌。例如，有一个两端顺子听牌，通常意味着你有 8 张补牌改进成最好牌。但是，如果对手拿着一张同花听牌，你其中的两张补牌也会使对手拿到同花。因此，实际上你只有 6 张活补牌（Live Outs）。

听死牌（Drawing Dead）：如果一个牌手的所有补牌都是死补牌，那么他是在听死牌。因此，即使 Hero 的牌得到改进，他仍将输给一个已经拿着更好牌或改进成更好牌的对手。

隐含赔率（潜在底池赔率）：当你听牌时你预计在后续回合能够多赢的筹码。

反向隐含赔率（反向潜在底池赔率）：如果你听牌而输给更好牌，你预计在后续回合将多损失掉的筹码。

另外补充说明一下后门听牌的概念：后门听牌是指需要拿到两张补牌才能改进成最好牌的听牌。

1）后门同花听牌概率

$$后门同花听牌概率 = \frac{补牌数}{未现牌张数} \times \frac{（补牌数-1）}{（未现牌张数-1）} \times 100\%$$

$$例如，后门同花听牌概率 = \frac{10}{47} \times \frac{(10-1)}{(47-1)} \times 100\% = 4.16\%$$

2）后门顺子听牌概率

例如，在翻牌圈已经拿到 JT9 三连的情况下，后门顺子听牌概率等于在转牌圈拿到一张 Q 或 8（得到 8 张补牌的两端顺子听牌）的概率数 × 在河牌圈拿到一张 K 或 7（得到 4 张补牌的卡顺听牌）的概率数，即

$$\text{后门两端顺子听牌概率} = \frac{8}{47} \times \frac{8}{46} \times 100\% = 2.96\%$$

$$\text{后门卡顺听牌概率} = \frac{8}{47} \times \frac{4}{46} \times 100\% = 1.48\%$$

$$\text{后门顺子听牌概率} = 2.96 \times 1.48 \times 100\% = 4.38\%$$

根据二四法则，1 张补牌在两条街听牌的概率是 4%。这个概率几乎和上述两种后门听牌的概率相同。因此，在翻牌圈有一个后门同花听牌或后门顺子听牌近似于有 1 张额外的补牌。

3. 底池赔率与胜率估算

底池赔率 (Pot Odds)：表示你能获得的净利润（回报额）和为了获得它必须用来冒险的资金（风险额）的比率，即底池赔率 = 回报额 / 风险额。此外，它还有百分比形式的表示方法，即

$$\text{底池赔率} = \frac{\text{风险额}}{\text{风险额} + \text{回报额}} \times 100\%$$

我们经常使用百分比形式的赔率，因为它在数值上刚好等于当我们达到收支平衡（不输不赢）时所需要的胜率。因此，用它和我们当下手牌实际的胜率作对比，可以帮助我们在防守时，快速评估是否能跟注以及跟注的盈利能力。

4. 胜率估算：二四法则

一副牌去掉大小王剩 52 张，

减去自己的手牌 2 张，

减去公共牌 3 张，

未现牌剩：47 张。

假如我们补牌数（Outs）有 n 张，

发 1 次击中所需补牌的概率就是：$n/47$，即

$$\frac{n}{47} \approx \frac{n}{50} = \frac{2n}{100} = 2n\%$$

发 2 次，至少有 1 次击中所需补牌的概率，可以简化为：

$$2 \times 2n\% = 4n\%$$

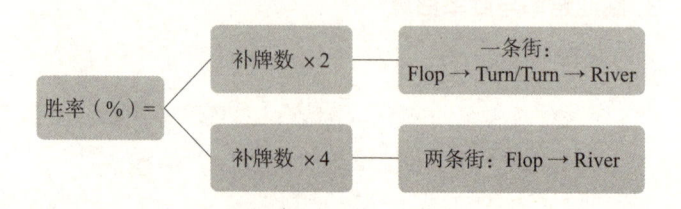

胜率（%）=
- 补牌数 ×2 —— 一条街：Flop → Turn/Turn → River
- 补牌数 ×4 —— 两条街：Flop → River

发 1 次，对应一条街击中听牌的概率，用二法则计算（$2n$）。

发 2 次，对应两条街击中听牌的概率，用四法则计算（$4n$）。

上面就是用二四法则估算胜率的简化方式，当补牌数小于 9 张时，误差不大；当补牌数大于或等于 9 张时，计算两条街的胜率需要引入修正法则。

5. 修正法则：所罗门法则

胜率 = [4n - (n-8)] %

式中，n 表示补牌数。

这是两条街的情况，如果是一条街的情况，修正法则就和二四法则没区别。

演绎法的链条不能无限地倒推下去，最终必须有一个基石，即一个能够自确定的元起点——第一性原理 (First Principle)。

常见手牌对抗的胜率

对阵情况	例子	胜率
一对 vs 两张低牌	AA vs KQ	86%
大对子 vs 小对子	AA vs KK	82%
前者的踢脚牌统治后者	AK vs AQ	74%
对子 vs 高低牌	KK vs AQ	71%
两高牌 vs 两低牌	AK vs 98	64%
高低牌 vs 两中牌	AT vs KJ	60%
低对 vs 两高牌	99 vs AQ	55%
两高牌 vs 低对	AJ vs TT	44%
两活牌 vs 两高牌	87 vs AK	38%
垃圾牌 vs 高牌	72 vs QJ	32%
高低牌 vs 口袋对子	AT vs KK	30%
前者的踢脚牌被后者统治	A9 vs AQ	27%

德州扑克不同人数下各种牌型翻牌前胜率（前20名）

排名	2人局		3人局		4人局		5人局		6人局	
1	AA	85.20%	AA	73.42%	AA	63.86%	AA	55.85%	AA	49.16%
2	KK	82.40%	KK	68.89%	KK	58.25%	KK	49.77%	KK	42.93%
3	QQ	79.93%	QQ	64.93%	QQ	53.49%	QQ	44.74%	QQ	37.90%
4	JJ	77.47%	JJ	61.18%	JJ	49.17%	JJ	40.22%	JJ	33.56%
5	TT	75.01%	TT	57.57%	TT	45.20%	TT	36.36%	AKs	31.07%
6	99	72.06%	99	53.60%	AKs	41.42%	AKs	35.41%	TT	29.92%
7	88	69.16%	AKs	50.72%	99	41.16%	AQs	33.70%	AQs	29.32%
8	AKs	67.05%	88	49.96%	AQs	39.82%	99	32.56%	KQs	28.32%
9	77	66.24%	AQs	49.39%	AKo	38.52%	KQs	32.46%	AJs	27.89%
10	AQs	66.21%	AJs	48.20%	AJs	38.42%	AKo	32.31%	AKo	27.85%
11	AJs	65.39%	AKo	48.19%	KQs	38.21%	AJs	32.23%	KJs	26.95%
12	AKo	65.32%	KQs	47.12%	88	37.60%	KJs	31.07%	ATs	26.70%
13	ATs	64.60%	ATs	47.05%	ATs	37.21%	ATs	31.01%	99	26.63%
14	AQo	64.43%	AQo	46.83%	AQo	36.84%	AQo	30.46%	QJs	26.23%
15	AJo	63.65%	77	46.46%	KJs	36.82%	QJs	30.19%	AQo	25.91%
16	KQs	63.40%	KJs	45.88%	QJs	35.66%	KTs	29.88%	KTs	25.82%
17	66	63.29%	AJo	45.51%	KTs	35.63%	88	29.46%	QTs	25.12%
18	A9s	62.78%	KTs	44.79%	AJo	35.35%	KQo	29.28%	KQo	25.03%
19	ATo	62.72%	A9s	44.53%	KQo	35.17%	QTs	29.04%	QTs	24.87%
20	KJs	62.57%	KQo	44.41%	QTs	34.52%	AJo	28.83%	AJo	24.31%

附录 A

不同下注尺度对应的价值诈唬比例与最小防守频率

下注尺度	需要的弃牌率	标准价值比例	防守需要的胜率	最小防守频率
25%	20%	5.00:1	17%	80%
33%	25%	4.00:1	20%	75%
50%	33%	3.00:1	25%	67%
60%	38%	2.67:1	27%	63%
66%	40%	2.52:1	28%	60%
75%	43%	2.33:1	30%	57%
80%	44%	2.25:1	31%	56%
100%	50%	2.00:1	33%	50%
125%	56%	1.80:1	36%	44%
150%	60%	1.67:1	38%	40%
200%	67%	1.50:1	40%	33%
400%	80%	1.25:1	44%	20%

注：此为标准数据，实战时再根据双方权益、位置和技术优劣势调整 10% ~ 15%。

6. 德州扑克位置示意图

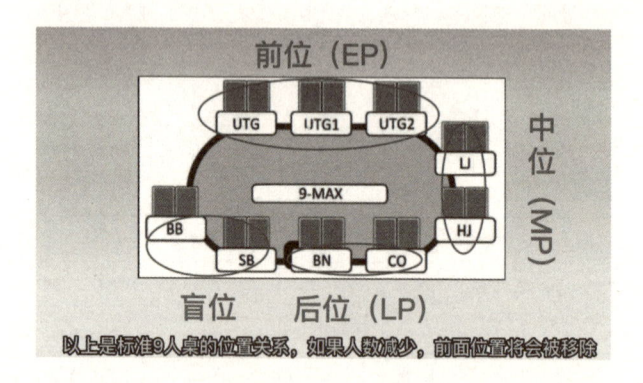

```
前位（EP）
    UTG  UTG1  UTG2
                        中
BB                   U   位
   9-MAX                （MP）
                       HJ
SB    BN    CO
盲位    后位（LP）
```

以上是标准9人桌的位置关系，如果人数减少，前面位置将会被移除

前位（EP）：

UTG(Under The Gun) 枪口位，UTG+1，UTG+2

中位（MP）：

LJ(Lojack) 低劫持位，HJ(Hijack) 高劫持位

后位（LP）：

CO(Cut Off) 关煞位，BTN(BN, Button) 按钮位 / 庄位

盲位（Blind）：

SB (Small Blind) 小盲位，BB 大盲位

7. 行动顺序

翻牌前：UTG（枪口位）第一个行动，按顺时针依次进行。

翻牌后：SB（小盲位）第一个行动，按顺时针依次进行。

8. 底牌别称

底牌	别称
AA	美国航空(American Airlines)
AK	老滑头
AQ	老女人
AJ	黑杰克(借用21点的叫法)
A8	死人牌(Hickok被枪杀时拿着这手牌)
A3	烟灰缸(Ashtray)
KK	金刚(King Kong)
KQ	皇家婚礼
KJ	Kojak
QQ	双重约会
Q7	电脑牌(电脑算出的最平均的牌)
JJ	杰克一家
J5	杰克逊5人组
TT	一毛钱(Dimes),10美分
T2	道尔·布朗森牌(他用这手牌两次获得冠军)
99	大力水手
88	雪人
77	日落大道
72	啤酒牌(如果你运气很差,可以去喝酒了)
66	66号公路
55	限速
K4	大西瓜

三、其他表格

1. 典型底牌面对对手所有随机产生的底牌的平均胜率

底牌	面对随机牌的胜率
27	35:64
AA	82:15
22	51:49
54s	41:59
QT	57:43
J5	47:53
98	48:52

虽然数学可能让人讨厌，但是它可以客观真实地反映底牌的强弱。

2. 不同底牌类型翻牌形成不同牌力的概率

口袋

口袋翻牌形成	概率
三条	10.80%
葫芦	0.70%
四条	0.20%
三条以上	11.80%

口袋之所以强，就是因为口袋有12%的概率在翻牌前形成三条以上的强牌，这是一个可以短期期待的概率。

同花

同花翻牌形成	概率
天同花	0.84%
差一张同花	10.90%
差两张同花	41.60%
河牌形成同花	6.4%

同花底牌翻牌形成天同花的概率不到1%，同花远没有我们想象的那么强。

A

牌型	概率
底牌有A 翻牌出现A	17.2%
底牌有A 河牌出现A	27.67%
底牌没有A 翻牌出现A	22.6%
底牌没有A 河牌出现A	35.5%

拿着一个A有将近30%的概率可以看出个A，但是请不要忘记，对手也喜欢拿着A去看牌，边牌的A才有价值。

杂牌

杂牌翻牌形成	概率
至少一对	32.40%
一对（用一张底牌）	29%
两对	2.00%
三条	1.35%
葫芦	0.10%
四条	0.01%

你可以简化记忆，如果对方底牌不是口袋，那么他只有1/3的机会形成对牌以上的牌。

翻牌

翻牌本身形成	概率
三条	0.24%
对子	17.00%
同花	5.20%
彩虹牌	40.00%
连续牌（如654）	3.50%
两张连牌（如K56）	40.00%
没有连牌（如Q52）	56.00%

Trust everyone, but always cut the cards.
相信每一个人,但一定要切牌。

—— *Benny Binion*

四、多桌联赛 5BB/10BB 短筹码策略

1. 8人桌 MTT，5BB，底池没有被加注过

5BB UTG All In 范围

AA	AKs	AQs	AJs	ATs	A9s	A8s	A7s	A6s	A5s	A4s	A3s	A2s
AKo	KK	KQs	KJs	KTs	K9s	K8s	K7s	K6s	K5s	K4s	K3s	K2s
AQo	KQo	QQ	QJs	QTs	Q9s	Q8s	Q7s	Q6s	Q5s	Q4s	Q3s	Q2s
AJo	KJo	QJo	JJ	JTs	J9s	J8s	J7s	J6s	J5s	J4s	J3s	J2s
ATo	KTo	QTo	JTo	TT	T9s	T8s	T7s	T6s	T5s	T4s	T3s	T2s
A9o	K9o	Q9o	J9o	T9o	99	98s	97s	96s	95s	94s	93s	92s
A8o	K8o	Q8o	J8o	T8o	98o	88	87s	86s	85s	84s	83s	82s
A7o	K7o	Q7o	J7o	T7o	97o	87o	77	76s	75s	74s	73s	72s
A6o	K6o	Q6o	J6o	T6o	96o	86o	76o	66	65s	64s	63s	62s
A5o	K5o	Q5o	J5o	T5o	95o	85o	75o	65o	55	54s	53s	52s
A4o	K4o	Q4o	J4o	T4o	94o	84o	74o	64o	54o	44	43s	42s
A3o	K3o	Q3o	J3o	T3o	93o	83o	73o	63o	53o	43o	33	32s
A2o	K2o	Q2o	J2o	T2o	92o	82o	72o	62o	52o	42o	32o	22

5BB UTG1 All In 范围

AA	AKs	AQs	AJs	ATs	A9s	A8s	A7s	A6s	A5s	A4s	A3s	A2s
AKo	KK	KQs	KJs	KTs	K9s	K8s	K7s	K6s	K5s	K4s	K3s	K2s
AQo	KQo	QQ	QJs	QTs	Q9s	Q8s	Q7s	Q6s	Q5s	Q4s	Q3s	Q2s
AJo	KJo	QJo	JJ	JTs	J9s	J8s	J7s	J6s	J5s	J4s	J3s	J2s
ATo	KTo	QTo	JTo	TT	T9s	T8s	T7s	T6s	T5s	T4s	T3s	T2s
A9o	K9o	Q9o	J9o	T9o	99	98s	97s	96s	95s	94s	93s	92s
A8o	K8o	Q8o	J8o	T8o	98o	88	87s	86s	85s	84s	83s	82s
A7o	K7o	Q7o	J7o	T7o	97o	87o	77	76s	75s	74s	73s	72s
A6o	K6o	Q6o	J6o	T6o	96o	86o	76o	66	65s	64s	63s	62s
A5o	K5o	Q5o	J5o	T5o	95o	85o	75o	65o	55	54s	53s	52s
A4o	K4o	Q4o	J4o	T4o	94o	84o	74o	64o	54o	44	43s	42s
A3o	K3o	Q3o	J3o	T3o	93o	83o	73o	63o	53o	43o	33	32s
A2o	K2o	Q2o	J2o	T2o	92o	82o	72o	62o	52o	42o	32o	22

德州扑克十年理论波动

5BB LJ All In 范围

AA	AKs	AQs	AJs	ATs	A9s	A8s	A7s	A6s	A5s	A4s	A3s	A2s
AKo	KK	KQs	KJs	KTs	K9s	K8s	K7s	K6s	K5s	K4s	K3s	K2s
AQo	KQo	QQ	QJs	QTs	Q9s	Q8s	Q7s	Q6s	Q5s	Q4s	Q3s	Q2s
AJo	KJo	QJo	JJ	JTs	J9s	J8s	J7s	J6s	J5s	J4s	J3s	J2s
ATo	KTo	QTo	JTo	TT	T9s	T8s	T7s	T6s	T5s	T4s	T3s	T2s
A9o	K9o	Q9o	J9o	T9o	99	98s	97s	96s	95s	94s	93s	92s
A8o	K8o	Q8o	J8o	T8o	98o	88	87s	86s	85s	84s	83s	82s
A7o	K7o	Q7o	J7o	T7o	97o	87o	77	76s	75s	74s	73s	72s
A6o	K6o	Q6o	J6o	T6o	96o	86o	76o	66	65s	64s	63s	62s
A5o	K5o	Q5o	J5o	T5o	95o	85o	75o	65o	55	54s	53s	52s
A4o	K4o	Q4o	J4o	T4o	94o	84o	74o	64o	54o	44	43s	42s
A3o	K3o	Q3o	J3o	T3o	93o	83o	73o	63o	53o	43o	33	32s
A2o	K2o	Q2o	J2o	T2o	92o	82o	72o	62o	52o	42o	32o	22

附录 A

5BB HJ All In 范围

AA	AKs	AQs	AJs	ATs	A9s	A8s	A7s	A6s	A5s	A4s	A3s	A2s
AKo	KK	KQs	KJs	KTs	K9s	K8s	K7s	K6s	K5s	K4s	K3s	K2s
AQo	KQo	QQ	QJs	QTs	Q9s	Q8s	Q7s	Q6s	Q5s	Q4s	Q3s	Q2s
AJo	KJo	QJo	JJ	JTs	J9s	J8s	J7s	J6s	J5s	J4s	J3s	J2s
ATo	KTo	QTo	JTo	TT	T9s	T8s	T7s	T6s	T5s	T4s	T3s	T2s
A9o	K9o	Q9o	J9o	T9o	99	98s	97s	96s	95s	94s	93s	92s
A8o	K8o	Q8o	J8o	T8o	98o	88	87s	86s	85s	84s	83s	82s
A7o	K7o	Q7o	J7o	T7o	97o	87o	77	76s	75s	74s	73s	72s
A6o	K6o	Q6o	J6o	T6o	96o	86o	76o	66	65s	64s	63s	62s
A5o	K5o	Q5o	J5o	T5o	95o	85o	75o	65o	55	54s	53s	52s
A4o	K4o	Q4o	J4o	T4o	94o	84o	74o	64o	54o	44	43s	42s
A3o	K3o	Q3o	J3o	T3o	93o	83o	73o	63o	53o	43o	33	32s
A2o	K2o	Q2o	J2o	T2o	92o	82o	72o	62o	52o	42o	32o	22

5BB CO All In 范围

AA	AKs	AQs	AJs	ATs	A9s	A8s	A7s	A6s	A5s	A4s	A3s	A2s

	A	K	Q	J	T	9	8	7	6	5	4	3	2
A	AA	AKs	AQs	AJs	ATs	A9s	A8s	A7s	A6s	A5s	A4s	A3s	A2s
K	AKo	KK	KQs	KJs	KTs	K9s	K8s	K7s	K6s	K5s	K4s	K3s	K2s
Q	AQo	KQo	QQ	QJs	QTs	Q9s	Q8s	Q7s	Q6s	Q5s	Q4s	Q3s	Q2s
J	AJo	KJo	QJo	JJ	JTs	J9s	J8s	J7s	J6s	J5s	J4s	J3s	J2s
T	ATo	KTo	QTo	JTo	TT	T9s	T8s	T7s	T6s	T5s	T4s	T3s	T2s
9	A9o	K9o	Q9o	J9o	T9o	99	98s	97s	96s	95s	94s	93s	92s
8	A8o	K8o	Q8o	J8o	T8o	98o	88	87s	86s	85s	84s	83s	82s
7	A7o	K7o	Q7o	J7o	T7o	97o	87o	77	76s	75s	74s	73s	72s
6	A6o	K6o	Q6o	J6o	T6o	96o	86o	76o	66	65s	64s	63s	62s
5	A5o	K5o	Q5o	J5o	T5o	95o	85o	75o	65o	55	54s	53s	52s
4	A4o	K4o	Q4o	J4o	T4o	94o	84o	74o	64o	54o	44	43s	42s
3	A3o	K3o	Q3o	J3o	T3o	93o	83o	73o	63o	53o	43o	33	32s
2	A2o	K2o	Q2o	J2o	T2o	92o	82o	72o	62o	52o	42o	32o	22

5BB BTN All In 范围

AA	AKs	AQs	AJs	ATs	A9s	A8s	A7s	A6s	A5s	A4s	A3s	A2s
AKo	KK	KQs	KJs	KTs	K9s	K8s	K7s	K6s	K5s	K4s	K3s	K2s
AQo	KQo	QQ	QJs	QTs	Q9s	Q8s	Q7s	Q6s	Q5s	Q4s	Q3s	Q2s
AJo	KJo	QJo	JJ	JTs	J9s	J8s	J7s	J6s	J5s	J4s	J3s	J2s
ATo	KTo	QTo	JTo	TT	T9s	T8s	T7s	T6s	T5s	T4s	T3s	T2s
A9o	K9o	Q9o	J9o	T9o	99	98s	97s	96s	95s	94s	93s	92s
A8o	K8o	Q8o	J8o	T8o	98o	88	87s	86s	85s	84s	83s	82s
A7o	K7o	Q7o	J7o	T7o	97o	87o	77	76s	75s	74s	73s	72s
A6o	K6o	Q6o	J6o	T6o	96o	86o	76o	66	65s	64s	63s	62s
A5o	K5o	Q5o	J5o	T5o	95o	85o	75o	65o	55	54s	53s	52s
A4o	K4o	Q4o	J4o	T4o	94o	84o	74o	64o	54o	44	43s	42s
A3o	K3o	Q3o	J3o	T3o	93o	83o	73o	63o	53o	43o	33	32s
A2o	K2o	Q2o	J2o	T2o	92o	82o	72o	62o	52o	42o	32o	22

5BB SB All In 范围

AA	AKs	AQs	AJs	ATs	A9s	A8s	A7s	A6s	A5s	A4s	A3s	A2s
AKo	KK	KQs	KJs	KTs	K9s	K8s	K7s	K6s	K5s	K4s	K3s	K2s
AQo	KQo	QQ	QJs	QTs	Q9s	Q8s	Q7s	Q6s	Q5s	Q4s	Q3s	Q2s
AJo	KJo	QJo	JJ	JTs	J9s	J8s	J7s	J6s	J5s	J4s	J3s	J2s
ATo	KTo	QTo	JTo	TT	T9s	T8s	T7s	T6s	T5s	T4s	T3s	T2s
A9o	K9o	Q9o	J9o	T9o	99	98s	97s	96s	95s	94s	93s	92s
A8o	K8o	Q8o	J8o	T8o	98o	88	87s	86s	85s	84s	83s	82s
A7o	K7o	Q7o	J7o	T7o	97o	87o	77	76s	75s	74s	73s	72s
A6o	K6o	Q6o	J6o	T6o	96o	86o	76o	66	65s	64s	63s	62s
A5o	K5o	Q5o	J5o	T5o	95o	85o	75o	65o	55	54s	53s	52s
A4o	K4o	Q4o	J4o	T4o	94o	84o	74o	64o	54o	44	43s	42s
A3o	K3o	Q3o	J3o	T3o	93o	83o	73o	63o	53o	43o	33	32s
A2o	K2o	Q2o	J2o	T2o	92o	82o	72o	62o	52o	42o	32o	22

2. 8人桌MTT，10BB，底池没有被加注过

10BB UTG

AA	AKs	AQs	AJs	ATs	A9s	A8s	A7s	A6s	A5s	A4s	A3s	A2s
AKo	KK	KQs	KJs	KTs	K9s	K8s	K7s	K6s	K5s	K4s	K3s	K2s
AQo	KQo	QQ	QJs	QTs	Q9s	Q8s	Q7s	Q6s	Q5s	Q4s	Q3s	Q2s
AJo	KJo	QJo	JJ	JTs	J9s	J8s	J7s	J6s	J5s	J4s	J3s	J2s
ATo	KTo	QTo	JTo	TT	T9s	T8s	T7s	T6s	T5s	T4s	T3s	T2s
A9o	K9o	Q9o	J9o	T9o	99	98s	97s	96s	95s	94s	93s	92s
A8o	K8o	Q8o	J8o	T8o	98o	88	87s	86s	85s	84s	83s	82s
A7o	K7o	Q7o	J7o	T7o	97o	87o	77	76s	75s	74s	73s	72s
A6o	K6o	Q6o	J6o	T6o	96o	86o	76o	66	65s	64s	63s	62s
A5o	K5o	Q5o	J5o	T5o	95o	85o	75o	65o	55	54s	53s	52s
A4o	K4o	Q4o	J4o	T4o	94o	84o	74o	64o	54o	44	43s	42s
A3o	K3o	Q3o	J3o	T3o	93o	83o	73o	63o	53o	43o	33	32s
A2o	K2o	Q2o	J2o	T2o	92o	82o	72o	62o	52o	42o	32o	22

深红 All In，灰色弃牌，黑色跟注，红色加注 2BB

德州扑克十年理论波动

10BB UTG1

AA	AKs	AQs	AJs	ATs	A9s	A8s	A7s	A6s	A5s	A4s	A3s	A2s
AKo	KK	KQs	KJs	KTs	K9s	K8s	K7s	K6s	K5s	K4s	K3s	K2s
AQo	KQo	QQ	QJs	QTs	Q9s	Q8s	Q7s	Q6s	Q5s	Q4s	Q3s	Q2s
AJo	KJo	QJo	JJ	JTs	J9s	J8s	J7s	J6s	J5s	J4s	J3s	J2s
ATo	KTo	QTo	JTo	TT	T9s	T8s	T7s	T6s	T5s	T4s	T3s	T2s
A9o	K9o	Q9o	J9o	T9o	99	98s	97s	96s	95s	94s	93s	92s
A8o	K8o	Q8o	J8o	T8o	98o	88	87s	86s	85s	84s	83s	82s
A7o	K7o	Q7o	J7o	T7o	97o	87o	77	76s	75s	74s	73s	72s
A6o	K6o	Q6o	J6o	T6o	96o	86o	76o	66	65s	64s	63s	62s
A5o	K5o	Q5o	J5o	T5o	95o	85o	75o	65o	55	54s	53s	52s
A4o	K4o	Q4o	J4o	T4o	94o	84o	74o	64o	54o	44	43s	42s
A3o	K3o	Q3o	J3o	T3o	93o	83o	73o	63o	53o	43o	33	32s
A2o	K2o	Q2o	J2o	T2o	92o	82o	72o	62o	52o	42o	32o	22

附录 A

10BB LJ

AA	AKs	AQs	AJs	ATs	A9s	A8s	A7s	A6s	A5s	A4s	A3s	A2s
AKo	KK	KQs	KJs	KTs	K9s	K8s	K7s	K6s	K5s	K4s	K3s	K2s
AQo	KQo	QQ	QJs	QTs	Q9s	Q8s	Q7s	Q6s	Q5s	Q4s	Q3s	Q2s
AJo	KJo	QJo	JJ	JTs	J9s	J8s	J7s	J6s	J5s	J4s	J3s	J2s
ATo	KTo	QTo	JTo	TT	T9s	T8s	T7s	T6s	T5s	T4s	T3s	T2s
A9o	K9o	Q9o	J9o	T9o	99	98s	97s	96s	95s	94s	93s	92s
A8o	K8o	Q8o	J8o	T8o	98o	88	87s	86s	85s	84s	83s	82s
A7o	K7o	Q7o	J7o	T7o	97o	87o	77	76s	75s	74s	73s	72s
A6o	K6o	Q6o	J6o	T6o	96o	86o	76o	66	65s	64s	63s	62s
A5o	K5o	Q5o	J5o	T5o	95o	85o	75o	65o	55	54s	53s	52s
A4o	K4o	Q4o	J4o	T4o	94o	84o	74o	64o	54o	44	43s	42s
A3o	K3o	Q3o	J3o	T3o	93o	83o	73o	63o	53o	43o	33	32s
A2o	K2o	Q2o	J2o	T2o	92o	82o	72o	62o	52o	42o	32o	22

10BB HJ

	AKs	AQs	AJs	ATs	A9s	A8s	A7s	A6s	A5s	A4s	A3s	A2s
AA	AKs	AQs	AJs	ATs	A9s	A8s	A7s	A6s	A5s	A4s	A3s	A2s
AKo	KK	KQs	KJs	KTs	K9s	K8s	K7s	K6s	K5s	K4s	K3s	K2s
AQo	KQo	QQ	QJs	QTs	Q9s	Q8s	Q7s	Q6s	Q5s	Q4s	Q3s	Q2s
AJo	KJo	QJo	JJ	JTs	J9s	J8s	J7s	J6s	J5s	J4s	J3s	J2s
ATo	KTo	QTo	JTo	TT	T9s	T8s	T7s	T6s	T5s	T4s	T3s	T2s
A9o	K9o	Q9o	J9o	T9o	99	98s	97s	96s	95s	94s	93s	92s
A8o	K8o	Q8o	J8o	T8o	98o	88	87s	86s	85s	84s	83s	82s
A7o	K7o	Q7o	J7o	T7o	97o	87o	77	76s	75s	74s	73s	72s
A6o	K6o	Q6o	J6o	T6o	96o	86o	76o	66	65s	64s	63s	62s
A5o	K5o	Q5o	J5o	T5o	95o	85o	75o	65o	55	54s	53s	52s
A4o	K4o	Q4o	J4o	T4o	94o	84o	74o	64o	54o	44	43s	42s
A3o	K3o	Q3o	J3o	T3o	93o	83o	73o	63o	53o	43o	33	32s
A2o	K2o	Q2o	J2o	T2o	92o	82o	72o	62o	52o	42o	32o	22

附录 A

10BB CO

AA	AKs	AQs	AJs	ATs	A9s	A8s	A7s	A6s	A5s	A4s	A3s	A2s
AKo	KK	KQs	KJs	KTs	K9s	K8s	K7s	K6s	K5s	K4s	K3s	K2s
AQo	KQo	QQ	QJs	QTs	Q9s	Q8s	Q7s	Q6s	Q5s	Q4s	Q3s	Q2s
AJo	KJo	QJo	JJ	JTs	J9s	J8s	J7s	J6s	J5s	J4s	J3s	J2s
ATo	KTo	QTo	JTo	TT	T9s	T8s	T7s	T6s	T5s	T4s	T3s	T2s
A9o	K9o	Q9o	J9o	T9o	99	98s	97s	96s	95s	94s	93s	92s
A8o	K8o	Q8o	J8o	T8o	98o	88	87s	86s	85s	84s	83s	82s
A7o	K7o	Q7o	J7o	T7o	97o	87o	77	76s	75s	74s	73s	72s
A6o	K6o	Q6o	J6o	T6o	96o	86o	76o	66	65s	64s	63s	62s
A5o	K5o	Q5o	J5o	T5o	95o	85o	75o	65o	55	54s	53s	52s
A4o	K4o	Q4o	J4o	T4o	94o	84o	74o	64o	54o	44	43s	42s
A3o	K3o	Q3o	J3o	T3o	93o	83o	73o	63o	53o	43o	33	32s
A2o	K2o	Q2o	J2o	T2o	92o	82o	72o	62o	52o	42o	32o	22

德州扑克十年理论波动

10BB BTN

AA	AKs	AQs	AJs	ATs	A9s	A8s	A7s	A6s	A5s	A4s	A3s	A2s
AKo	KK	KQs	KJs	KTs	K9s	K8s	K7s	K6s	K5s	K4s	K3s	K2s
AQo	KQo	QQ	QJs	QTs	Q9s	Q8s	Q7s	Q6s	Q5s	Q4s	Q3s	Q2s
AJo	KJo	QJo	JJ	JTs	J9s	J8s	J7s	J6s	J5s	J4s	J3s	J2s
ATo	KTo	QTo	JTo	TT	T9s	T8s	T7s	T6s	T5s	T4s	T3s	T2s
A9o	K9o	Q9o	J9o	T9o	99	98s	97s	96s	95s	94s	93s	92s
A8o	K8o	Q8o	J8o	T8o	98o	88	87s	86s	85s	84s	83s	82s
A7o	K7o	Q7o	J7o	T7o	97o	87o	77	76s	75s	74s	73s	72s
A6o	K6o	Q6o	J6o	T6o	96o	86o	76o	66	65s	64s	63s	62s
A5o	K5o	Q5o	J5o	T5o	95o	85o	75o	65o	55	54s	53s	52s
A4o	K4o	Q4o	J4o	T4o	94o	84o	74o	64o	54o	44	43s	42s
A3o	K3o	Q3o	J3o	T3o	93o	83o	73o	63o	53o	43o	33	32s
A2o	K2o	Q2o	J2o	T2o	92o	82o	72o	62o	52o	42o	32o	22

附录 A

10BB SB

AA	AKs	AQs	AJs	ATs	A9s	A8s	A7s	A6s	A5s	A4s	A3s	A2s
AKo	KK	KQs	KJs	KTs	K9s	K8s	K7s	K6s	K5s	K4s	K3s	K2s
AQo	KQo	QQ	QJs	QTs	Q9s	Q8s	Q7s	Q6s	Q5s	Q4s	Q3s	Q2s
AJo	KJo	QJo	JJ	JTs	J9s	J8s	J7s	J6s	J5s	J4s	J3s	J2s
ATo	KTo	QTo	JTo	TT	T9s	T8s	T7s	T6s	T5s	T4s	T3s	T2s
A9o	K9o	Q9o	J9o	T9o	99	98s	97s	96s	95s	94s	93s	92s
A8o	K8o	Q8o	J8o	T8o	98o	88	87s	86s	85s	84s	83s	82s
A7o	K7o	Q7o	J7o	T7o	97o	87o	77	76s	75s	74s	73s	72s
A6o	K6o	Q6o	J6o	T6o	96o	86o	76o	66	65s	64s	63s	62s
A5o	K5o	Q5o	J5o	T5o	95o	85o	75o	65o	55	54s	53s	52s
A4o	K4o	Q4o	J4o	T4o	94o	84o	74o	64o	54o	44	43s	42s
A3o	K3o	Q3o	J3o	T3o	93o	83o	73o	63o	53o	43o	33	32s
A2o	K2o	Q2o	J2o	T2o	92o	82o	72o	62o	52o	42o	32o	22

后　记

德州扑克是一门很深的学问，如果我的这本书能够给你提供一点帮助，那将是我的荣幸。如果你想成为一个德州扑克高手，那么我建议你多多品读一下本书，体会德州扑克中蕴含的哲学思维。

另外还要提醒你，德州扑克是一个很精彩的游戏，但是不宜沉迷其中。这个世界上还有很多事情值得你去关注，特别是你的家人与朋友。

最后奉上德州扑克的终极奥义，请牢记：

多陪老婆，少打德扑！

感谢你看到这里，如果对书中内容有任何疑问或者有其他高见，欢迎你联系我，让我们一起讨论和进步。